# Einfacher Tipp für passives Einkommen

Robert Kuhn

# INHALTSVERZEICHNIS

**Titelseite** ............................................................................................................... 3

**Copyright** .............................................................................................................. 4

**Einführung** ........................................................................................................... 5

**Kapitel 1: Passives Einkommen verstehen** ............................................................ 9

**Kapitel 2: Die Möglichkeiten des passiven Einkommens** ..................................... 12

**Kapitel 3: Ein eBook schreiben** ........................................................................... 16

**Kapitel 4: Vermarktung von Partnerprodukten** ................................................... 28

**Kapitel 5: Andere Methoden für passives Einkommen** ........................................ 40

**Abschluss** ........................................................................................................... 53

# EINFACHE TIPPS FÜR PASSIVES EINKOMMEN

*Ihr vollständiger Leitfaden zum Aufbau mehrerer Einnahmequellen*

*VON*

**ROBERT KUHN**

# Copyright ©2024 von Robert Kuhn

**Alle Rechte gemäß allen Urheberrechtsvereinbarungen vorbehalten.**

Kein Teil dieses Buches darf ohne schriftliche Genehmigung des Herausgebers reproduziert, in einem Datenabfragesystem gespeichert oder auf irgendeine Weise elektronisch, mechanisch, durch Fotokopieren, Aufzeichnen oder auf andere Weise übertragen werden.

**Haftungsausschluss:**

Bitte beachten Sie, dass die in diesem Dokument enthaltenen Informationen nur zu Bildungszwecken dienen.

Es wurde alles unternommen, um genaue, aktuelle und zuverlässige vollständige Informationen bereitzustellen. Es werden keinerlei Garantien ausdrücklich oder implizit gegeben. Die Leser erkennen an, dass der Autor keine juristischen, finanziellen oder professionellen Ratschläge erteilt.

Durch das Lesen eines Dokuments erklärt sich der Leser damit einverstanden, dass wir unter keinen Umständen für direkte oder indirekte Verluste verantwortlich sind, die durch die Verwendung der in diesem Dokument enthaltenen Informationen entstehen, einschließlich, aber nicht beschränkt auf Fehler, Auslassungen oder Ungenauigkeiten.

# Einführung

Träumen Sie von wahrer finanzieller Freiheit? Möchten Sie mehr Zeit mit Ihrer Familie und Ihren Freunden verbringen oder die Dinge tun, die Sie lieben?

Geld macht bestimmte Aspekte des Lebens einfacher. Es ermöglicht uns Dinge, die wir ohne Geld nicht tun könnten. Wir könnten alle mehr Geld gebrauchen, als wir haben. Für viele von uns kann es so aussehen, als ob der einzige Weg, es zu bekommen, darin besteht, länger zu arbeiten, als wir es ohnehin schon tun. Wir fühlen uns in Bezug auf das, was wir verdienen können, eingeschränkt. Der Gedanke, einen zweiten (oder dritten) Job anzunehmen, ist anstrengend, aber viele Menschen tun genau das, um schuldenfrei zu werden und ein gutes Einkommen zu erzielen.

Es gibt ein altes Sprichwort, das besagt, dass sich niemand auf dem Sterbebett wünscht, er hätte mehr Zeit mit Arbeiten verbracht. Was auch immer Sie im Laufe Ihres Lebens verdienen – und wie viel Zeit Sie auch darauf verwenden – Sie können es nicht mitnehmen, wenn Ihr Leben vorbei ist.

Längere Arbeitszeiten und damit weniger Zeit für die Menschen und Dinge, die man liebt, sind keine Lösung. Die wahre Lösung besteht darin, Wege zu finden, um verlässlich und stabil Geld zu verdienen, ohne dass man sein Leben lang so hart arbeiten muss, dass man keine Zeit mehr hat, die Rosen zu riechen.

**Was Sie in diesem Buch lernen werden**

Was wäre, wenn Sie im Schlaf oder während Sie wertvolle Zeit mit Ihrer Familie und Ihren Freunden verbringen Geld verdienen könnten? Ziel dieses Buches ist es, Ihnen dabei zu helfen. Es klingt vielleicht zu schön, um wahr zu sein – aber ich verspreche Ihnen, das ist es nicht. Das Geheimnis, dieses Ziel zu erreichen, besteht darin, etwas über eine Einkommensart namens passives Einkommen zu lernen.

Im ersten Kapitel werde ich die Grundlagen des passiven Einkommens behandeln. Was ist das und wie unterscheidet es sich von dem Einkommen, das Sie in einem 9-bis-5-Job verdienen? Ich werde Ihnen grundlegende Definitionen von aktivem und passivem Einkommen geben, damit Sie den Unterschied verstehen – und warum passives Einkommen auf lange Sicht aktivem Einkommen vorzuziehen ist. Ich werde auch erklären, warum es so wichtig ist, mehrere Quellen für passives Einkommen einzurichten, wenn Sie wahre finanzielle Freiheit erreichen möchten.

Im zweiten Kapitel werden die Vorteile und Risiken des passiven Einkommens etwas ausführlicher behandelt. Jede Einkommensstrategie, egal wie verlockend oder zuverlässig sie klingt, birgt ein gewisses Risiko. Das ist unvermeidlich und es ist wichtig, diese Risiken zu verstehen, bevor Sie fortfahren. Meiner Meinung nach überwiegen die Vorteile des passiven Einkommens die Risiken bei weitem. Diese Entscheidung müssen Sie jedoch selbst treffen und die Informationen in diesem Kapitel werden Ihnen dabei helfen. Ich werde Ihnen auch einen Überblick über meine bevorzugten Methoden zum Erzielen eines passiven Einkommens geben, die ich in den folgenden Kapiteln ausführlicher untersuchen werde.

Im dritten Kapitel werde ich über eine meiner bevorzugten Methoden sprechen, um passives Einkommen zu erzielen: das Schreiben eines eBooks. Ein Buch zu schreiben mag wie eine gewaltige Aufgabe erscheinen, aber ich gebe Ihnen meine besten Tipps, wie Sie es schaffen. Wir sprechen darüber, wie Sie die Entscheidung treffen, das Buch selbst zu schreiben, sowie über die Möglichkeit, einen professionellen Ghostwriter damit zu beauftragen. Ich gebe Tipps für die Beauftragung eines Ghostwriters und wie Sie einen Designer finden, der ein überzeugendes Cover für Ihr Buch erstellt. Ich beschreibe auch den Prozess der Formatierung Ihres Buches für den Verkauf im Kindle-Shop, das Schreiben einer Buchbeschreibung, die den Verkauf Ihres Buches fördert, und das Hochladen des Buches mit Amazon KDP. Abschließend erkläre ich Ihnen, wie Sie Ihr Buch mithilfe von Spezialwebsites, sozialen Medien und mehr vermarkten können.

Im vierten Kapitel werde ich ausführlich über die Vermarktung von Affiliate-Produkten sprechen. Affiliate-Produkte sind oft das Erste, was Leute ausprobieren, die noch nicht so viel Erfahrung mit dem Online-Geldverdienen haben, und dennoch scheitern sie oft. Ich werde Ihnen helfen, den Prozess zu verstehen, angefangen mit der Auswahl einer Nische und der Recherche der Konkurrenz, und Ihnen Tipps geben, wie Sie die besten Affiliate-Produkte auswählen, um einen Strom passiver Einnahmen zu garantieren. Danach werde ich Ihnen erklären, wie Sie eine Website mit WordPress einrichten und wie Sie Ihre Website optimieren, damit sie bei Google einen hohen Rang einnimmt. Abschließend gebe ich Ihnen einige Tipps, wie Sie hochwertige Backlinks erhalten, um Ihren Rang zu verbessern, und erkläre Ihnen, wie Sie Ihre Produkte in den sozialen Medien vermarkten.

Das fünfte Kapitel behandelt mehrere andere Methoden, um passives Einkommen zu erzielen. Das Schreiben von E-Books und der Verkauf von Partnerprodukten sind meine Lieblingsmethoden, und deshalb habe ich diese sehr ausführlich behandelt, da dies meine Fachgebiete sind. Ich möchte Sie jedoch darauf aufmerksam machen, dass es viele andere Methoden gibt, mit denen Sie passives Einkommen erzielen können. In diesem letzten Kapitel werde ich zahlreiche Methoden behandeln, darunter:

- So konzipieren, erstellen und verkaufen Sie eine mobile App. Mobile Apps sind beliebter denn je. Obwohl es nicht einfach ist, eine Idee für eine großartige App zu entwickeln, gebe ich Ihnen einige Hinweise, wie Sie es schaffen.
- Hier erfahren Sie, wie Sie einen YouTube-Kanal einrichten und damit Geld verdienen. Dazu gehören Informationen zum Erstellen und Bewerben Ihrer Videos sowie zur Verwendung von YouTube zur Verbesserung Ihrer SEO.
- So erstellen und verkaufen Sie einen Online-Kurs in Ihrem Fachgebiet. Wenn Sie das Gefühl haben, dass Sie das Wissen und die Leidenschaft haben, anderen etwas beizubringen, kann sich der Zeit- und Arbeitsaufwand für die Erstellung eines Kurses lohnen. Ich gebe Ihnen auch einige Informationen darüber, wo und wie Sie Ihren Kurs verkaufen können.
- So konzipieren und erstellen Sie Ihr eigenes Produkt. Der Verkauf von Affiliate-Produkten ist einfach, und der Verkauf Ihres eigenen Produkts ist eine Möglichkeit, das, was Sie im Affiliate-Marketing gelernt haben, auf die nächste Ebene zu bringen. Wenn Sie ein großartiges Produkt erstellen, können Sie damit einen erheblichen Gewinn erzielen. Ich erkläre Ihnen sogar die Vorteile, die es mit sich bringt, ein eigenes Programm einzurichten, bei dem Affiliates das Marketing für Sie übernehmen.

- Websites mit Testberichten zu Nischenprodukten erfreuen sich großer Beliebtheit. Ich erkläre Ihnen, wie Sie Ihre Fähigkeiten im Affiliate-Marketing auf andere Weise nutzen können, indem Sie Produkte innerhalb einer Nische testen und vergleichen.

Wenn Sie mit der Lektüre dieses Buches fertig sind, verfügen Sie über alle Informationen, die Sie benötigen, um mit dem Aufbau mehrerer passiver Einkommensströme zu beginnen und sind auf dem besten Weg zu wahrer finanzieller Freiheit.

Lass uns anfangen.

# Kapitel 1: Passives Einkommen verstehen

Der erste Schritt besteht darin, zu verstehen, was passives Einkommen ist und wie es sich von der Art von Einkommen unterscheidet, die Sie durch einen Stundenlohn oder ein Gehalt verdienen. Die Unterschiede sind entscheidend, denn sie weisen den Weg zur finanziellen Freiheit. Wenn Sie Ihr eigener Chef und Herr Ihres eigenen Schicksals sein möchten, ist passives Einkommen der Weg dorthin.

**Die Unterschiede zwischen aktivem und passivem Einkommen**

Auch wenn Sie einen anderen Begriff verwenden, um es zu beschreiben, wissen Sie bereits, was aktives Einkommen ist. Aktives Einkommen ist die Art von Einkommen, für die Sie eine bestimmte Zeit lang aktiv arbeiten müssen, bevor Sie es verdienen. Wenn Sie beispielsweise einen Job haben, bei dem Sie stundenweise bezahlt werden, erhalten Sie nur Geld für die Stunden, die Sie arbeiten – richtig? Das ist aktives Einkommen, weil Ihre Aktivität auf konstanter Basis erforderlich ist, wenn Sie Ihren Lebensunterhalt verdienen möchten.

Dasselbe gilt für einen Job, bei dem Sie ein Gehalt beziehen. Im Gegenzug für Ihr Gehalt wird von Ihnen erwartet, dass Sie bestimmte Arbeiten verrichten. Sie müssen pünktlich zur Arbeit erscheinen, eine festgelegte Anzahl von Stunden arbeiten und die Aufgaben erfüllen, die Teil Ihrer Stellenbeschreibung sind, um Ihr Gehalt zu verdienen. Wenn Sie ein Arbeitnehmer mit Ausnahmestatus sind, müssen Sie möglicherweise sogar zusätzliche Stunden ohne zusätzliche Bezahlung arbeiten.

Schließlich gilt auch die freiberufliche Tätigkeit als aktives Einkommen. Freiberufler werden nur für die Arbeit bezahlt, die sie erledigen. Wenn sie krank werden und eine Aufgabe oder Arbeit nicht erledigen können, verdienen sie nichts.

Vergleichen wir das nun mit dem passiven Einkommen. Passives Einkommen ist ein Einkommen, das möglicherweise etwas Arbeit erfordert, um es aufzubauen. Sobald Sie jedoch eine passive Einkommensquelle aufgebaut haben, ist oft nur minimaler Aufwand erforderlich, um das Geld fließen zu lassen.

Schauen wir uns ein einfaches Beispiel an. Wenn Sie ein eBook schreiben, müssen Sie Zeit und Energie in das Schreiben investieren. Sie müssen einen Lektor und jemanden für die Gestaltung des Buchcovers engagieren und sicherstellen, dass das Buch das richtige Format hat, um es auf Amazon verkaufen zu können. Sobald das Buch jedoch fertig ist und auf der Amazon-Website zum Verkauf angeboten wird, verdienen Sie jedes Mal Geld, wenn jemand das Buch kauft. Das macht das Einkommen passiv. Wenn jemand ein Exemplar kauft, während Sie im Urlaub sind oder schlafen, verdienen Sie trotzdem Geld.

Ich hoffe, Sie verstehen langsam, warum passives Einkommen die Antwort auf finanzielle Freiheit ist. Anstatt Ihren Arbeitstag zu verlängern, können Sie mit passivem Einkommen weniger Stunden arbeiten und trotzdem Ihren Lebensunterhalt verdienen.

**Warum passives Einkommen wichtig ist**

Lassen Sie uns nun darüber sprechen, warum passive Einkommensquellen so wichtig sind. Der Durchschnittsbürger wird kein riesiges Gehalt verdienen. Es stimmt, dass einige wenige Menschen als CEOs oder in anderen Top-Führungspositionen enorme Gehälter verdienen. Andere sind möglicherweise gefragte Berater, die enorme Stundensätze verlangen können. Für die meisten von uns ist unser Einkommenspotenzial jedoch nicht riesig. Wir sind durch unsere Ausbildung, Erfahrung und die Anzahl der Stunden, die wir körperlich (und geistig) für die Arbeit erübrigen können, begrenzt.

Passives Einkommen eröffnet Möglichkeiten, die sonst vielleicht nicht bestehen würden. Es ermöglicht uns, Geld auf eine Art und Weise zu verdienen, die nicht fortlaufend stundenlange zusätzliche Anstrengung erfordert – und das ist großartig. Wenn Sie feststellen, dass lange Arbeitszeiten dazu führen, dass Sie nur wenig Zeit mit Ihrer Familie verbringen können – oder dass Sie Gelegenheiten verpassen, das zu tun, was Sie lieben –, dann kann passives Einkommen den Unterschied ausmachen.

Passives Einkommen ist wichtig, weil es die Art von Einkommen ist, die Ihr aktives Einkommen problemlos ergänzen kann – und es letztendlich sogar ersetzen kann. Ihr Einkommen mit aktivem Einkommen ist durch die Anzahl der Arbeitsstunden sowie durch Faktoren wie Ihre Ausbildung und Ihren beruflichen Werdegang begrenzt. Für passives Einkommen gibt es keine solchen Beschränkungen. Sie haben die vollständige Kontrolle darüber, was bedeutet, dass niemand es begrenzen kann. Die Tatsache, dass Sie es verdienen können, während Sie schlafen, mit Ihren Kindern spielen oder auf dem Golfplatz sind, bedeutet, dass Sie die Freiheit haben, mit Ihrer Zeit zu tun, was Sie wollen.

Wie Sie sehen, unterscheidet sich passives Einkommen erheblich von aktivem Einkommen. Geld ist Geld, aber das Geld, das Sie durch passive Einkommensströme verdienen, ist die Art von Geld, die Sie vom Alltagstrott befreien und Ihnen ermöglichen kann, den Dingen nachzugehen, die Ihnen am wichtigsten sind.

Im nächsten Kapitel werden wir ausführlicher auf die Vorteile und Risiken des passiven Einkommens eingehen, damit Sie wissen, was Sie erwartet, wenn Sie auf den Aufbau passiver Einkommensströme hinarbeiten.

# Kapitel 2: Die Möglichkeiten des passiven Einkommens

Bevor ich Ihnen die besten Möglichkeiten zum Erzielen eines passiven Einkommens vorstelle, möchte ich mir ein paar Seiten Zeit nehmen, um die Vorteile und Risiken des passiven Einkommens zu besprechen. Die Wahrheit ist, dass keine Form des Einkommens ohne Risiko ist. Selbst wenn Sie das Glück hätten, eine große Summe Geld zu erben, wäre die Investition mit einem gewissen Risiko verbunden. So funktioniert das Leben.

Wir haben bereits einige Vorteile des passiven Einkommens angesprochen, aber lassen Sie uns diese noch etwas genauer betrachten:

1. Passives Einkommen kann zu finanzieller Freiheit führen. Wenn Sie passives Einkommen erzielen, können Sie es zu jeder Tages- und Nachtzeit und von überall auf der Welt verdienen. Sie müssen nicht an einen bestimmten Job oder Zeitplan gebunden sein. Sobald Ihre passiven Einkommensströme eingerichtet sind, fließt das Geld auf Ihr Konto.
2. Es gibt keine Begrenzung für passives Einkommen. Es steht Ihnen frei, hundert verschiedene passive Einkommensströme einzurichten, wenn Sie dies möchten. Sie können so viel Zeit wie Sie möchten in die Einrichtung passiver Einkommensströme investieren und sich nach der Einrichtung zurücklehnen und das Geld einstreichen. Sie sind nicht durch die Anzahl der Arbeitsstunden beschränkt.
3. Passives Einkommen kann aus verschiedenen Quellen stammen, was bedeutet, dass Sie die Optionen wählen können, die Ihnen am besten gefallen. Sie sind nicht darauf beschränkt oder dazu verpflichtet, Arbeit zu verrichten, die Ihnen wirklich nicht gefällt. Sie haben die Möglichkeit, Arbeit zu wählen, die Ihnen Spaß macht.
4. Sie können Ihr eigener Chef sein. Wenn Sie passive Einkommensströme einrichten, müssen Sie sich niemandem außer sich selbst gegenüber verantworten. Sie können entscheiden, wann Sie arbeiten und wann nicht. Sie legen Ihre Arbeitszeiten selbst fest

und können entscheiden, wie Sie die Dinge am besten erledigen, ohne dass sich jemand anderes einmischt.

Meiner Meinung nach sind das einige sehr gute Vorteile – und Grund genug, sich die Zeit und Energie zu nehmen, um passive Einkommensströme aufzubauen. Allerdings gibt es auch einige Risiken und Bedenken, die berücksichtigt werden müssen.

1. Das Einrichten passiver Einkommensströme erfordert Zeit und Mühe. Es mag verlockend sein, passive Einkommensströme als einfach und arbeitsintensiv anzusehen. Dies ist jedoch eine zu vereinfachte Ansicht, die später zu Missverständnissen führen kann. Lassen Sie sich nicht täuschen. Sie müssen viel Zeit investieren – und wahrscheinlich auch etwas Geld –, wenn Sie Ihre passiven Einkommensströme zum Laufen bringen möchten. Alle passiven Einkommen sind zu Beginn aktiv.

2. Passive Einkommensströme wachsen nicht über Nacht. Selbst wenn Sie viel Mühe investieren, kann es eine Weile dauern, bis aus passivem Einkommen ein Strom wird. Tatsächlich kann es sich am Anfang eher wie eine Reihe belangloser Tropfen anfühlen als wie ein echter Strom. Sie müssen darauf vorbereitet sein, dass es einige Zeit dauern wird, bis die Dinge ins Rollen kommen. Das ist einer der Gründe, warum ich empfehle, mit der Einrichtung Ihrer passiven Ströme zu beginnen, bevor Sie Ihren Job kündigen.

3. Sie müssen diversifizieren, um sicherzustellen, dass Ihnen jederzeit Geld zufließt. Eine einzige passive Einkommensquelle wird Ihnen nicht dabei helfen, finanzielle Sicherheit und Freiheit zu erlangen. Die Gefahr besteht darin, dass Ihre Quelle versiegt und Sie dann überhaupt kein Einkommen mehr haben. Der beste Weg, dieses Risiko zu umgehen, besteht darin, mehrere Einkommensquellen einzurichten, sodass Sie, selbst wenn eine Quelle versiegt, andere haben, die Ihnen weiterhin Geld bringen.

4. Passives Einkommen kann für manche Menschen zu passiv sein. Nur sehr wenige Menschen empfinden Leidenschaft und Erfüllung für Einkommensquellen, die wenig oder gar keine Arbeit erfordern. Egal, wofür Sie sich entscheiden, es ist wahrscheinlich am besten, eine aktive Arbeit, die Sie erfüllt und zufriedenstellt – auch wenn sie nicht viel einbringt – mit passiven Einkommensquellen zu kombinieren, die Ihnen helfen, Geld zu verdienen.

Meiner Meinung nach überwiegen die Vorteile der Einrichtung passiver Einkommensströme die Risiken bei weitem. Passives Einkommen beginnt, wie ich bereits sagte, aktiv. Solange Sie bereit sind, die Arbeit zu leisten, um diese Ströme zum Fließen zu bringen, könnte passives Einkommen für Sie der beste Weg sein, finanzielle Freiheit zu erreichen.

**Bewährte Strategien für passives Einkommen**

Wie ich in der Einleitung erwähnt habe, werden die nächsten drei Kapitel einige meiner bevorzugten Strategien für passives Einkommen ausführlich behandeln. Es gibt viele verschiedene Möglichkeiten, passives Einkommen zu erzielen, und Sie müssen sich sicherlich nicht auf die Methoden beschränken, die ich hier bespreche. Diese Methoden gehören jedoch meiner Meinung nach zu den zuverlässigsten und am einfachsten umzusetzenden.

Hier ist ein kurzer Überblick, damit Sie wissen, was Sie in den nächsten Kapiteln erwartet.

- Das Schreiben eines eBooks ist die erste Methode, die ich behandeln werde. Viele Leute schreckt die Idee ab, ein eBook zu schreiben, weil sie sich selbst nicht als Schriftsteller betrachten. Ich werde das Thema sehr ausführlich behandeln und erklären, wie Sie relativ einfach ein Buch schreiben und es effektiv vermarkten können. Ein gut geschriebenes eBook kann Ihnen leicht für den Rest Ihres Lebens ein Einkommen verschaffen.
- Das Marketing von Affiliate-Produkten ist das zweite Thema, das ich behandeln werde. Affiliate-Produkte haben oft einen schlechten Ruf, weil viele Leute versuchen, sie zu vermarkten und kein Geld damit verdienen. Der Grund, warum sie kein Geld verdienen, ist nicht, dass Affiliate-Marketing schlecht ist – sondern dass sie es nicht richtig angehen. Ich werde Ihnen erklären, wie Sie die besten Produkte auswählen und Ihre Einnahmequellen so einrichten, dass sie wenig fortlaufende Arbeit von Ihnen erfordern.
- Eine weitere beliebte Möglichkeit, passives Einkommen zu erzielen, ist die Erstellung einer mobilen App. Es gibt viele Apps auf dem Markt, aber wenn Sie eine einzigartige App entwickeln, können Sie sie jahrelang verkaufen, ohne zusätzliche Arbeit leisten zu müssen. Sie müssen nicht einmal Programmierer sein, um eine App zu erstellen.
- YouTube ist eine der meistbesuchten Websites der Welt und eine großartige Quelle für passives Einkommen, wenn Sie wissen, wie man es nutzt. Ich erkläre Ihnen, wie Sie

einen YouTube-Kanal einrichten, gebe Ihnen Tipps zum Erstellen von Videos und erkläre Ihnen, wie Sie Ihre Videos monetarisieren und bekannt machen.

- Die Erstellung eines Online-Kurses ist in gewisser Weise die arbeitsintensivste aller hier aufgeführten Optionen, aber es ist auch eine sehr gute Möglichkeit, ein beträchtliches passives Einkommen zu erzielen. Ich gebe Ihnen Tipps zur Themenauswahl, zur Erstellung eines Kurses, zur Preisfestlegung und zur Vermarktung Ihres Kurses.
- Für den Fall, dass Affiliate-Marketing für Sie nicht ausreicht, erkläre ich Ihnen, welche Vorteile es hat, ein eigenes Produkt zu entwickeln und zu verkaufen und wie Sie Ihre eigenen Affiliate-Programme einrichten können.
- Produktbewertungs- und Vergleichsseiten erfreuen sich großer Beliebtheit und ich gebe Ihnen einige Hinweise, wie Sie Affiliate-Marketing auf ein neues Niveau heben können.

Die nächsten drei Kapitel werden diese Themen sehr ausführlich behandeln, damit Sie alle Werkzeuge haben, die Sie für Ihre Aufgaben benötigen. Sie müssen nicht alle diese Methoden anwenden, um finanzielle Freiheit zu erlangen. Ich empfehle Ihnen, alles zu lesen und mit der Methode zu beginnen, die Ihnen am besten gefällt. Sobald Sie die notwendige Arbeit geleistet haben, um einen Strom passiver Einnahmen aufzubauen, können Sie eine andere Methode wählen – oder die erste wiederholen. Es ist sicherlich möglich, Geld zu verdienen, indem Sie mehrere E-Books schreiben oder eine Reihe von Partner-Websites einrichten.

Das Wichtigste, das Sie bedenken sollten, ist, dass Sie nicht alle Ihre finanziellen Eier in einen Korb legen sollten. Der Sinn eines passiven Einkommens besteht darin, dass Sie Ihre Zeit mit den Dingen verbringen möchten, die Sie lieben. Wenn Sie über mehrere Einnahmequellen verfügen, hat es keine nennenswerten Auswirkungen auf Sie, wenn eine Quelle plötzlich langsamer wird oder versiegt. Wahre finanzielle Freiheit bedeutet, dass Sie sich nicht auf eine einzige Einnahmequelle verlassen müssen.

# Kapitel 3: Ein eBook schreiben

Ich möchte mit einer meiner Lieblingsmethoden beginnen, um passives Einkommen zu verdienen: dem Schreiben eines E-Bücher. Früher war es sehr aufwändig, ein Buch zu veröffentlichen. Die Autoren mussten zuerst das Buch schreiben – oder einen detaillierten Buchvorschlag verfassen. Dann mussten sie Anfragebriefe an Agenten und Verleger schicken, in der Hoffnung, dass das, was sie geschrieben hatten, bei jemandem Anklang finden würde. Es war schon ein harter Kampf, einen Buchagenten dazu zu bringen, Ihren Brief zu lesen. Die meisten Agenten wurden mit Tausenden von Briefen von aufstrebenden Autoren überschwemmt. Damit ein Autor auffiel, waren sowohl Glück als auch Talent erforderlich.

Ich denke, es ist wichtig, ehrlich zu sein, was den Arbeitsaufwand angeht, der zum Schreiben und Veröffentlichen eines E-Bücher erforderlich ist. Passives Einkommen beginnt nicht passiv. Sie müssen die Arbeit im Voraus leisten. Sobald der Einkommensstrom etabliert ist, wird er passiv. Wenn Sie sich entscheiden, ein eBook selbst zu schreiben, kann es je nach Ihrer Schreibgeschwindigkeit und Ihren Fähigkeiten Monate dauern, bis Sie damit fertig sind. Selbst wenn Sie einen Ghostwriter beauftragen, kann der Prozess eine Weile dauern und erfordert einiges an Überlegung und Mühe von Ihnen.

**Eine Nische für Ihr eBook finden**

Beginnen wir mit dem sehr wichtigen ersten Schritt: Wählen Sie eine Nische für Ihr eBook. Wenn Sie vorhaben, das Buch selbst zu schreiben, ist es wahrscheinlich am besten, eine Nische und ein Thema zu wählen, die Sie interessieren und über die Sie etwas wissen. Natürlich können Sie jedes beliebige Thema recherchieren, aber wenn Sie kompetent klingen und gute Arbeit leisten möchten, ist der Prozess einfacher, wenn Sie ein Thema wählen, das Sie kennen, als wenn Sie bei Null anfangen.

Wenn Sie bereits eine langjährige Karriere in einer bestimmten Branche hinter sich haben – und einige Referenzen haben, die Ihre Autorität untermauern –, dann ist es sehr sinnvoll, eine Nische zu wählen, in der Ihre Berufserfahrung und Autorität Ihnen beim Schreiben und Vermarkten

Ihres Buches helfen können. Menschen kaufen und lesen ein Buch von jemandem, den sie als Autorität wahrnehmen, viel eher als von jemandem, der keine Autorität hat. Wenn Sie Ihre Stärken ausspielen, erhöhen Sie die Chancen, dass Ihr Buch zu einer stetigen Quelle passiven Einkommens wird.

Bei der Auswahl eines Nischenthemas kann es hilfreich sein, mit einem allgemeinen Thema zu beginnen und sich die Unternischen anzusehen, die im Amazon Kindle Store aufgeführt sind. Wenn Sie zum Kindle Store gehen und nach unten scrollen, sehen Sie auf der linken Seite eine Liste mit allgemeinen Kategorien. Wählen Sie ein beliebiges Thema aus dieser Liste aus, und Sie sehen darunter eine Liste mit Unterkategorien oder Nischen. Diese Unterkategorien können noch weiter aufgeschlüsselt sein. Je spezialisierter Ihr gewähltes Thema ist, desto einfacher wird es für Sie, den Bestsellerstatus bei Amazon zu erreichen. Wenn Sie das Logo „Amazon Bestseller" auf Ihrer Website platzieren können, kann dies Ihre Verkäufe und Ihre wahrgenommene Autorität erheblich steigern – etwas, das Ihnen auch in anderen Bereichen des passiven Einkommens helfen kann.

Um eine Vorstellung davon zu bekommen, was ich meine, schauen wir uns eine Liste von Unternischen zu einem einzelnen Thema bei Amazon an: „Geschäft und Geld": Buchhaltung, Biografie und Geschichte, Wirtschaftswissenschaften, Finanzen, Investitionen und vieles mehr.

Wenn Sie auf die erste Nische, „Buchhaltung", klicken, wird eine weitere Liste mit sechs Unternischen angezeigt, darunter Wirtschaftsprüfung, staatliche Buchhaltung und betriebliche Buchhaltung. Wenn Sie eine grundlegende Vorstellung von dem Bereich haben, über den Sie schreiben möchten, kann ein Blick auf die Liste der Unternischen bei Amazon eine gute Möglichkeit sein, Ihre Optionen einzugrenzen.

Es kann auch hilfreich sein, sich die in einer Nische verfügbaren Titel und ihre Verkaufszahlen anzusehen. Durch das Lesen von Rezensionen können Sie ein Thema identifizieren, das für die Leser von Interesse ist. Wenn beispielsweise mehrere Rezensenten erwähnen, dass sie sich wünschen, ein Autor hätte ein bestimmtes Thema ausführlicher behandelt, sollten Sie darüber nachdenken, ein Buch zu diesem Thema zu schreiben.

Selbst wenn Sie vorhaben, einen Ghostwriter zu engagieren, müssen Sie eine Nische und ein Thema für Ihr Buch auswählen. Sie müssen das Buch vermarkten, also müssen Sie dennoch einige grundlegende Recherchen durchführen und ein wenig über die betreffende Nische lernen. Es ist auch keine schlechte Idee, dem Autor eine Gliederung oder – zumindest – eine Liste der Themen zu geben, die in Ihrem Buch behandelt werden sollen. Darauf werde ich später in diesem Kapitel noch näher eingehen.

**Das Buch schreiben oder einen Ghostwriter engagieren**

Als Nächstes müssen Sie entscheiden, ob Sie das Buch selbst schreiben oder einen Ghostwriter damit beauftragen. Sehen wir uns kurz die Vorteile der beiden Optionen an, beginnend mit dem Schreiben des Buches selbst:

- Wenn Sie das Buch selbst schreiben, müssen Sie keinen Ghostwriter bezahlen. Die einzige Investition, die Sie tätigen müssen, ist Ihre Zeit und Kreativität.
- Wenn Sie das Buch selbst schreiben, haben Sie die volle kreative Kontrolle über den Inhalt. Wenn Sie die Recherche einem Ghostwriter überlassen, gehen Sie das Risiko ein, dass bestimmte Themen nicht so behandelt werden, wie Sie es möchten – und das kann je nach Art Ihrer Vereinbarung mit dem von Ihnen beauftragten Autor zusätzliche Investitionen Ihrerseits erfordern.
- Ein Buch, das Sie selbst schreiben, spiegelt Ihre wahre Stimme wider, und wenn Sie über ein Thema schreiben, das Sie leidenschaftlich interessiert, wird Ihre Leidenschaft im Schreiben zum Ausdruck kommen. Ein Ghostwriter wird sein Bestes tun, um den von Ihnen vorgegebenen Ton nachzuahmen, aber das Buch klingt möglicherweise nicht nach Ihnen.
- Die Vermarktung eines Buches, das Sie selbst geschrieben haben, fällt Ihnen vielleicht leichter als die Vermarktung eines Buches, das ein Ghostwriter geschrieben hat. Sie werden mit großer Leidenschaft und Autorität über Ihr Buch sprechen können, weil Sie mit jedem Aspekt davon vertraut sind, wie es nur die Person sein kann, die es geschrieben hat.

Schauen wir uns nun die Vorteile der Beauftragung eines Ghostwriters an:

- Ihre Zeit ist wertvoll. Sie müssen zwar für das Ghostwriting Ihres Buches bezahlen, aber die Kosten dafür sind im Vergleich zu der Zeit, die Sie zum Schreiben des Buches selbst benötigen würden, möglicherweise gering, insbesondere wenn Sie sich beim Schreiben nicht besonders wohl fühlen.
- Wenn Sie einen Ghostwriter engagieren, der sich in Ihrer gewählten Nische auskennt, bekommen Sie zwei Dinge – einen professionellen Autor und einen Rechercheur – zum Preis von einem. Viele professionelle Autoren spezialisieren sich auf eine bestimmte Nische oder einen bestimmten Bereich, und die Tatsache, dass sie ständig über ein Thema schreiben, kann für Sie ein echter Vorteil sein, insbesondere wenn Ihr Buch ein Thema behandeln soll, über das Sie nicht viel wissen.
- Wenn Sie das Buch selbst schreiben, sollten Sie einen professionellen Lektor und/oder Korrektor beauftragen, um sicherzustellen, dass Ihr Buch die richtige Zeichensetzung aufweist und frei von Grammatik- und Rechtschreibfehlern ist. Ein professioneller Ghostwriter sollte sich im Rahmen seiner regulären Dienstleistung um diese Dinge kümmern und Ihnen ein professionelles Buch mit korrekter Grammatik liefern.

Wie Sie sehen, hat jede Option Vor- und Nachteile. Ich empfehle, einen Ghostwriter zu engagieren, wenn Sie sich beim Schreiben sehr unwohl fühlen oder wenn Ihnen Englisch schwerfällt. Viele Leute, die Ghostwriter engagieren, sprechen Englisch als Zweitsprache und möchten sicherstellen, dass das Buch, das ihren Namen trägt, richtig geschrieben ist.

**Tipps zum Schreiben eines Buches**

Beginnen wir mit dem Schreiben. Viele Leute halten sich nicht für Schriftsteller, aber in Wahrheit ist Schreiben nur das sinnvolle Aneinanderfügen von Wörtern. Das ist etwas, was Sie den ganzen Tag tun, jeden Tag, egal ob Sie Tweets verfassen, telefonieren oder eine E-Mail beantworten. Ein Buch ist nur eine längere Version davon.

Um Ihnen eine Vorstellung davon zu geben, wie einfach es sein kann, ein E-Bücher bei Amazon zu veröffentlichen, möchte ich Ihnen sagen, dass das durchschnittliche Buch im Kindle Store nur etwa 10.000 Wörter lang ist. Das entspricht etwa 32 bis 40 Seiten Text. Das ist überhaupt nicht viel. Wenn Sie nur 500 Wörter pro Tag schreiben würden, könnten Sie in weniger als drei Wochen einen Entwurf Ihres Buches haben.

Wenn Ihnen das Schreiben nicht leicht fällt, kann es hilfreich sein, sich zunächst eine detaillierte Gliederung zu überlegen. Ein Blick auf die Inhaltsverzeichnisse anderer Bücher in Ihrer gewählten Nische ist eine gute Möglichkeit, Ideen für den Inhalt zu bekommen. Sie müssen die Bücher nicht kaufen, es sei denn, Sie möchten. Viele Kindle-Titel verfügen über eine „Blick ins Buch"-Funktion, mit der Sie das Inhaltsverzeichnis und etwa das erste Kapitel des Buches lesen können. Das kann ausreichen, um Ihnen ein Gefühl dafür zu geben, was Sie aufnehmen möchten.

Wenn Sie sich mit dem Gedanken des Schreibens sehr unwohl fühlen, sollten Sie die Verwendung eines Spracherkennungstools in Betracht ziehen. Der Vorteil dabei ist, dass Sie nicht schreiben müssen, zumindest nicht am Anfang. Sie können ein Thema auswählen, darüber sprechen und es von dem von Ihnen verwendeten Tool in Text übersetzen lassen. Sie müssen den Text zwar noch überprüfen, Fehler korrigieren und daran arbeiten, einen guten Fluss Ihres Inhalts zu schaffen, aber der Vorgang selbst kann einfach sein. Oft ist es für jemanden, der sich nicht als Autor betrachtet, einfacher, mit etwas zu arbeiten, das bereits geschrieben ist, als das Gefühl zu haben, mit einer leeren Seite von vorne beginnen zu müssen.

Wenn Sie einen ersten Entwurf geschrieben haben, empfehle ich Ihnen dringend, ihn ein oder zwei Wochen lang beiseite zu legen, bevor Sie versuchen, ihn zu überarbeiten. Wenn Sie sich eine Zeit lang von Ihrem Projekt lösen, können Sie es mit einem neuen Blickwinkel betrachten. Wenn Sie ihn wieder hervorholen, ist das laute Lesen eine sehr gute Möglichkeit, sich wiederholende Wörter und ungeschickte Formulierungen zu erkennen. Wenn wir still lesen, neigen unsere Augen dazu, Wörter zu überspringen. Lautes Lesen ist auch eine effektive Methode zum Korrekturlesen und zum Erkennen der Verwendung von Homonymen und anderer häufiger Fehler.

Wenn Sie das Buch überarbeitet haben, sollten Sie einen professionellen Lektor oder Korrektor beauftragen, wenn Sie glauben, dass es noch Fehler enthält. Es ist keine Schande, Ihr Buch von einer zweiten Person überprüfen zu lassen. Es kann auch hilfreich sein, das Buch von einigen Leuten lesen zu lassen, die sich mit Ihrem Thema auskennen und ihre Meinung dazu abgeben.

**Tipps für die Beauftragung eines Ghostwriters**

Wenn Sie nicht das Gefühl haben, dass Sie das Buch selbst schreiben möchten, haben Sie die Möglichkeit, einen Ghostwriter zu engagieren, der das Buch für Sie schreibt. Ghostwriter sind auf Websites wie Outsource und Freelancer weit verbreitet. Das Wichtigste, das Sie beachten sollten, ist, dass Sie sicherstellen möchten, dass Sie jemanden engagieren, der ein guter Autor ist, idealerweise jemanden, der sich in Ihrer Nische auskennt. Hier sind einige Tipps, die Ihnen bei der Auswahl des richtigen Ghostwriters helfen.

1. Schreiben Sie eine detaillierte Stellenbeschreibung für das Projekt, das Sie im Sinn haben. Sie müssen weder Ihre Gliederung noch eine Themenliste beifügen, aber Sie sollten angeben, welches allgemeine Thema Ihr Buch behandeln wird, wie lang es sein soll, wie schnell Sie mit der Fertigstellung des Projekts rechnen und wie viel Sie bereit sind zu zahlen. Sie müssen keinen genauen Betrag angeben, aber es ist eine gute Idee, einen Bereich anzugeben. Bedenken Sie, dass Sie bei einem sehr niedrigen Preis Gefahr laufen, unterdurchschnittliche Autoren anzuziehen.
2. Geben Sie alle Qualifikationen an, die Sie von den bietenden Autoren erwarten. Sie könnten zum Beispiel sagen, dass Sie nur englische Muttersprachler als Bewerber haben möchten und dass Sie einen Autor bevorzugen, der Erfahrung im Schreiben über Ihre gewählte Nische hat. Sie sollten auch nach einer Textprobe fragen. Einige Websites erlauben es Autoren nicht, ihrem ersten Gebot eine Probe beizufügen. In diesen Fällen sollten Sie Proben von den Autoren anfordern, deren Gebote Sie am meisten ansprechen.
3. Schränken Sie Ihre Liste ein, indem Sie Angebote und Beispiele lesen und bei Bedarf Beispiele anfordern. Denken Sie beim Bewerten der Beispiele daran, welchen Ton Ihr Buch haben soll. Bevorzugen Sie einen lockeren und umgangssprachlichen oder einen eher formellen Ton? Ein erfahrener Ghostwriter kann möglicherweise viele verschiedene Töne nachahmen, aber wenn Sie einen Autor finden, dessen Stimme Ihnen besonders zusagt, kann dies ein entscheidender Faktor sein.
4. Nachdem Sie Ihre Liste anhand von Schreibproben eingegrenzt haben, ist es an der Zeit, Autoren zu interviewen. Sofern Sie keinen Autor über einen E-Bücher-Verlag mit hervorragendem Ruf einstellen, sollten Sie diesen Schritt nicht überspringen. Der Grund dafür ist, dass viele der Personen, die sich um Ihren Auftrag bewerben, aus Ländern

stammen, in denen Englisch nicht die Hauptsprache ist. In bestimmten Fällen nehmen Autoren möglicherweise Proben, die sie nicht geschrieben haben, und verwenden diese, um einen Auftrag zu erhalten. Wenn Sie direkt mit einem Autor sprechen, können Sie sich leicht ein Bild davon machen, ob er schreiben kann. Wie ich bereits erwähnt habe, besteht Schreiben einfach darin, Wörter aneinanderzureihen. Eine Person, die kein richtiges Englisch spricht, wird höchstwahrscheinlich auch kein richtiges Englisch beim Schreiben verwenden können.

5. Treffen Sie schließlich Ihre Entscheidung und engagieren Sie den gewünschten Autor. Sie sollten sich auf einen Preis und einen Zeitrahmen einigen. Die meisten Websites für Freiberufler ermöglichen es Ihnen, Ihre Zahlungen an den Autor im Voraus festzulegen. Ein professioneller Autor wird darauf bestehen, da es skrupellose Leute gibt, die dies möglicherweise nicht tun und sich dann weigern, den Autor zu bezahlen. Sie sollten bereit sein, das Projekt zu finanzieren. Das Geld wird auf Ihrem Konto einbehalten, bis der Autor den Auftrag abgeschlossen hat und Sie seine Arbeit genehmigt haben. Sie sollten auch sicherstellen, dass Sie angeben, was Sie in Bezug auf erforderliche Umschreibungen erwarten. Wenn Sie einen Stundensatz zahlen, müssen Sie bereit sein, für zusätzliche Arbeit mehr zu zahlen. Wenn nicht, sollten Sie eine Vereinbarung darüber treffen, wie viel Umschreibung in Ihrem Preis enthalten ist.

Ich empfehle, beim Fertigstellen eines Buches dieselben Methoden anzuwenden, die Sie auch bei einem selbst geschriebenen Buch anwenden würden. Lesen Sie es laut vor und machen Sie sich detaillierte Notizen zu allen Änderungen, die Sie am Buch vornehmen möchten. Sie haben die Möglichkeit, den Autor um Änderungen zu bitten oder diese selbst vorzunehmen.

**Erstellen eines Covers**

Das nächste, was Sie beim Erstellen eines eBooks berücksichtigen müssen, ist das Cover. Es heißt, man solle ein Buch nicht nach seinem Cover beurteilen, aber die Wahrheit ist, dass viele Leute das tun. Selbst wenn Sie sich für eine sehr kleine und spezialisierte Nische entscheiden, wird Ihr Buch im Kindle-Shop mit Dutzenden – wenn nicht Hunderten – anderer Bücher konkurrieren. Sie müssen sicherstellen, dass Ihr Cover aus der Masse heraussticht.

Sofern Sie keine Erfahrung im Grafikdesign haben, empfehle ich Ihnen dringend, einen professionellen Designer mit der Gestaltung Ihres Covers zu beauftragen. Wenn Sie einen Ghostwriter von einem E-Book-Verlag beauftragen, ist das Cover-Design möglicherweise im Angebotspreis enthalten. Andernfalls müssen Sie selbst jemanden beauftragen. Freiberufliche Designer können Sie auf Freelancer beauftragen. Eine weitere sehr kostengünstige Möglichkeit besteht darin, den Auftrag auf Fiverr zu veröffentlichen. Fiverr ist eine Website, auf der Sie Freiberufler für nur fünf Dollar beauftragen können – tatsächlich kosten die meisten dort aufgeführten Aufträge fünf Dollar. Wenn Sie nach E-Bücher -Covern suchen, erhalten Sie eine Liste mit Personen, die bereit sind, ein Cover zu entwerfen.

Verwenden Sie bei der Auswahl eines Designers dieselben Methoden wie bei der Beauftragung eines Ghostwriters. Bitten Sie um Beispiele früherer Arbeiten. Überlegen Sie sich, welchen Stil Sie für das Cover wünschen. Wenn Sie bestimmte Bilder oder Farben verwenden möchten, müssen Sie diese ebenfalls angeben. Es ist eine gute Idee, jemanden auszuwählen, der Erfahrung mit der Gestaltung von Covern für Kindle-Bücher hat. Denken Sie daran, dass Ihr Coverbild in voller Größe und als Miniaturansicht gut aussehen soll, da es so im Kindle-Shop angezeigt wird.

Ich empfehle Ihnen dringend, sich die anderen Cover in Ihrer Nische anzusehen, bevor Sie ein Cover entwerfen oder einen Designer beauftragen. Achten Sie besonders auf die Bestseller. Was gefällt Ihnen an diesen Covern? Machen Sie sich Notizen und verwenden Sie vorhandene Cover als Beispiele, um dem Designer eine Vorstellung davon zu geben, was Sie möchten.

**Tipps zum Schreiben einer großartigen Buchbeschreibung**

Das Letzte, was Sie bedenken müssen, bevor Sie Ihr Buch in den Kindle-Shop hochladen, ist, eine gute Buchbeschreibung zu verfassen, die dabei hilft, Ihr Buch zu verkaufen. Wenn Sie einen Ghostwriter engagiert haben, empfehle ich, derselben Person etwas mehr zu zahlen, damit sie auch eine Buchbeschreibung schreibt – oder die Buchbeschreibung in Ihre ursprüngliche Auftragsbeschreibung aufzunehmen und den Preis entsprechend auszuhandeln.

Denken Sie daran, dass die Beschreibung kein Buchbericht sein sollte. Sie wollen keine trockene und ernsthafte Zusammenfassung dessen, was in dem Buch steht. Es gibt ein altes Werbesprichwort, das besagt, dass man das Zischen verkaufen soll, nicht das Steak. Ihre

Beschreibung sollte zischen. Mit anderen Worten, Sie wollen Ihr Buch so genau beschreiben, dass es geradezu unwiderstehlich erscheint.

Konzentrieren Sie sich dabei darauf, welchen Nutzen die Leser von Ihrem Buch erwarten können, anstatt ihnen zu erzählen, wie toll Ihr Buch ist. Wenn sie mit dem Lesen Ihrer Beschreibung fertig sind, möchten Sie, dass sie das Gefühl haben, dass es ein Fehler wäre, Ihr Buch NICHT zu kaufen.

Eine gute Buchbeschreibung sollte viel Leerraum enthalten, damit sie leicht zu lesen ist. Teilen Sie Ihren Inhalt in kurze Absätze auf und verwenden Sie auch Aufzählungszeichen. Sie sollten außerdem Folgendes beachten:

- Wählen Sie Schlüsselwörter (bei Amazon können Sie bis zu sieben auswählen)
- Verwenden Sie die gleichen Schlüsselwörter in Ihrer Buchbeschreibung
- Nutzen Sie Formatierungsoptionen, um Ihre Überschrift hervorzuheben. Beispiel:
  - um Ihre Überschrift fett zu gestalten
  - um Ihren Text kursiv zu setzen
  - Ihr Überschriftentext
  - die orangefarbene Überschrift von Amazon, die als Unterüberschrift erscheint

Wählen Sie Kategorien (Nischen und Unternischen), damit Amazon weiß, wo Ihr Buch gelistet werden soll

Mit diesen einfachen Formatierungsoptionen und Schreibtipps können Sie Ihre Amazon-Buchbeschreibung zum Hingucker machen.

**Hochladen Ihres Buchs auf KDP**

Sobald Sie eine gute Buchbeschreibung verfasst haben, ist es an der Zeit, Ihr Buch mit KDP hochzuladen. Besuchen Sie zunächst die KDP-Homepage und erstellen Sie ein neues Konto. Geben Sie dort Ihre Buchdetails ein, einschließlich Titel, Schlüsselwörter und Kategorien, wie oben beschrieben.

Anschließend laden Sie Ihre Word-Datei zu KDP hoch. Auch hier ist Word das bevorzugte Format, es gibt jedoch Anweisungen zum Hochladen und Formatieren einer HTML-, TXT- oder PDF-Datei. Sobald Sie die Datei hochgeladen haben, konvertiert KDP sie in das richtige Format, sodass sie auf einem Kindle gelesen werden kann.

Der letzte Schritt beim Hochladen Ihres Buchs besteht darin, einen Preis festzulegen und die Rechte für das Buch anzugeben. Die meisten Bücher, die im Kindle Store zum Verkauf stehen, kosten 9,99 $ oder weniger, und es ist eine gute Idee, dies bei der Preisgestaltung Ihres Buchs zu berücksichtigen. Wenn Ihr Buch sehr kurz ist, sollten Sie einen niedrigeren Preis in Betracht ziehen. Amazon behält sich das Recht vor, den Preis Ihres Buchs basierend auf den Preisen anderer Bücher in Ihrer Kategorie anzupassen.

Sie müssen auch die Höhe Ihrer Tantiemen festlegen. Amazon bietet zwei Optionen an: 70 % und 35 %. Für gemeinfreie Bücher gilt ein Preis von 35 %. Da Sie jedoch ein Original schreiben, können Sie die Option 70 % wählen.

**Tipps zur Vermarktung Ihres Buches**

Das letzte Thema, das ich in diesem Kapitel behandeln möchte, ist die Vermarktung Ihres Buches. Die einzige Möglichkeit, Ihr neues E-Bücher in eine zuverlässige passive Einnahmequelle zu verwandeln, besteht darin, Werbung zu machen, um die Leute zum Kauf Ihres Buches zu bewegen. Hier sind einige Vorschläge:

- Wenn Sie die nötigen Mittel haben und es Ihnen nichts ausmacht, etwas Geld auszugeben, könnten Sie einen Buchtrailer drehen und ihn auf YouTube veröffentlichen. Ich werde später im Buch ausführlich auf YouTube eingehen, aber ein Buchtrailer ist ein kurzes Video, normalerweise zwei Minuten oder weniger lang, das als Werbung für Ihr Buch dient. Betrachten Sie es als die Buchversion eines Filmtrailers. Wenn Sie sich entscheiden, einen Trailer zu machen, sollte Ihr Ziel sein, das Buch so überzeugend wie möglich klingen zu lassen.
- Haben Sie ein Blog? Dann ist Ihr Blog der perfekte Ort, um für Ihr neues Buch zu werben. Sie können die Vorfreude auf die Veröffentlichung steigern, indem Sie über Ihren Schreibprozess bloggen und das Veröffentlichungsdatum bekannt geben. Sie

könnten auch erwägen, einige kostenlose Exemplare des Buches zu verteilen, indem Sie einen Wettbewerb veranstalten. Eine gute Möglichkeit hierfür besteht darin, jedem, der Ihren Blog kommentiert, eine kostenlose Teilnahme anzubieten und dann zusätzliche Teilnahmen für Leser anzubieten, die Informationen über Ihren Wettbewerb auf Facebook, Twitter und anderen Social-Media-Sites teilen. Ihre Leser erhalten zusätzliche Chancen, Ihr Buch zu gewinnen, und Sie gewinnen jede Menge kostenlose Werbung.

- Ich empfehle Ihnen außerdem, Ihr Buch in den sozialen Medien zu bewerben. Sie können beispielsweise eine Seite für Ihr Buch auf Facebook einrichten und dann eine Anzeige erstellen, die sich an die Personen richtet, von denen Sie glauben, dass sie Ihr Buch am wahrscheinlichsten lesen werden. Sie müssen sich einige Zeit Zeit nehmen, um Ihre Zielgruppe zu ermitteln. Sie haben auch die Möglichkeit, Ihre Facebook-Kontakte und deren Freunde anzusprechen, aber tun Sie das nur, wenn Sie glauben, dass diese Personen eine wahrscheinliche Zielgruppe für Ihr Buch darstellen. Andernfalls sollten Sie sich besser an Ihre Zielgruppe halten und Ihre Freunde einfach bitten, Informationen über Ihr Buch zu teilen. Sie können auch einen gesponserten Tweet oder Pin in Betracht ziehen (das Pinnen Ihres Buchcovers auf Pinterest ist eine großartige Möglichkeit, das Buch bekannt zu machen).

- Eine weitere gute Idee ist es, wichtige Autoritätspersonen und Influencer in Ihrer Nische zu kontaktieren und sie zu bitten, Ihr Buch zu lesen und zu rezensieren. Vielleicht möchten Sie kostenlose Exemplare an einflussreiche Blogger oder Personen mit einer großen Fangemeinde in den sozialen Medien verteilen. Wenn Ihr Buch gute Rezensionen erhält, wird Ihnen die Tatsache, dass Sie ein Exemplar verschenkt haben, in Bezug auf Ihr Einkommen nicht schaden.

Achten Sie auf Ihre Amazon-Verkäufe und lesen Sie Rezensionen, um Ideen zu erhalten, wie Sie Ihren Inhalt verbessern und aktualisieren können. Es ist wichtig, respektvoll (und nicht defensiv) zu bleiben, wenn Sie sich dazu entschließen, den Rezensenten direkt zu antworten. Denken Sie daran, dass Sie nicht jeden Vorschlag annehmen müssen, den sie machen. Sehen Sie sich Ihre Rezensionen an, um Ideen zu bekommen, und ermutigen Sie Leute, die Sie kennen, das Buch ebenfalls zu lesen und zu rezensieren.

Wenn Sie die Richtlinien in diesem Kapitel befolgen und noch heute beginnen, könnte Ihr erstes eBook innerhalb von ein oder zwei Monaten im Amazon Kindle Store verfügbar sein. Ich weiß, dass der Prozess entmutigend erscheinen mag, aber meiner Meinung nach ist er die erforderliche Zeit und Mühe wert. Tatsächlich ist dies meine bevorzugte Methode, um passives Einkommen zu erzielen – und deshalb habe ich diesem Thema so viele Seiten gewidmet.

Im nächsten Kapitel werde ich über meine zweitliebste Methode zum passiven Einkommen sprechen – die Vermarktung von Partnerprodukten.

# Kapitel 4: Vermarktung von Partnerprodukten

Vielleicht ist das Schreiben eines E-Bücher nicht Ihr Ding. Jetzt ist es an der Zeit, über eine Alternative zu sprechen, die zwar – noch einmal – etwas Aufwand und Kosten erfordert, Ihnen aber, wenn Sie es richtig machen, jahrelang Geld einbringen kann.

Wenn Sie sich schon einmal mit dem Thema Geldverdienen im Internet beschäftigt haben, haben Sie zweifellos schon von Affiliate-Marketing gehört. Falls nicht, möchte ich es Ihnen kurz erklären. Beim Affiliate-Marketing geht es um die Vermarktung von Produkten (normalerweise durch das Platzieren von Links auf Ihrem Blog oder Ihrer Website), die von anderen Personen erstellt wurden. Als Gegenleistung für die Anzeige der Anzeigen erhalten Sie einen Prozentsatz der daraus resultierenden Verkäufe. Manchmal werden Sie nur bezahlt, wenn ein Verkauf zustande kommt, während andere Affiliate-Angebote auf die Generierung von Leads abzielen und Sie für jede Person bezahlen, die auf die Anzeige klickt.

Lassen Sie uns durchgehen, was Sie tun müssen, um Affiliate-Produkte erfolgreich zu vermarkten. Genau wie beim Schreiben eines E-Bücher beginnt alles mit der Wahl der richtigen Nische.

**Eine Nische wählen**

Bei der Auswahl einer Nische für den Verkauf von Affiliate-Produkten gelten viele der gleichen Probleme wie bei der Auswahl einer Nische für ein E-Bücher. Ich werde Ihre Zeit nicht mit der Wiederholung derselben Inhalte verschwenden. Wenn Sie also das letzte Kapitel übersprungen haben, empfehle ich Ihnen, noch einmal zurückzugehen und den Abschnitt über die Nischenauswahl zu lesen.

Ich möchte noch hinzufügen, dass, wenn Sie bereits ein Blog in einer bestimmten Nische haben, das Hinzufügen von Nischenprodukten zu diesem Blog eine relativ schnelle und einfache Möglichkeit sein kann, passive Einnahmequellen zu erschließen. Ein Blog ist ein großartiges Marketinginstrument, insbesondere wenn Sie bereits eine beträchtliche Anhängerschaft haben. Jeder Beitrag, den Sie schreiben, verwendet Schlüsselwörter und behandelt ein Thema in Ihrer gewählten Nische. Wenn Sie sich dazu entschließen, Affiliate-Links in Ihr Blog zu setzen, können Sie die Produkte, die Sie verkaufen möchten, bewerten und von der Bewertung selbst aus auf Ihre Opt-in- oder Verkaufsseite verlinken, zusätzlich dazu, die Affiliate-Anzeigen auf Ihrer Website zu veröffentlichen.

Wenn Sie noch kein Blog haben, aber eine Nische finden, die Sie anspricht, ist die Gründung eines solchen Blogs ein sehr guter erster Schritt, wenn es um die Vermarktung von Affiliate-Produkten geht. Bloggen kann Ihnen dabei helfen, sich als Autorität in Ihrer gewählten Nische zu etablieren, was Ihrer Auswahl bestimmter Produkte mehr Gewicht verleiht, als sie es sonst hätte.

Ich empfehle, sich zu Beginn auf Produkte einer einzigen Nische zu beschränken. Sie können sich jederzeit auf andere, verwandte Nischen ausweiten, wenn Sie sich etabliert haben. Als neuer Affiliate-Vermarkter sollten Sie es jedoch nicht übertreiben. Sie müssen einige Zeit damit verbringen, Inhalte zu erstellen (oder jemanden damit zu beauftragen) sowie einen effektiven Vertriebskanal einzurichten und zu testen. Je enger Ihr Spezialgebiet ist, desto einfacher wird es sein, Ihr Wissen auszubauen und Geld zu verdienen.

**Ein Blick auf die Konkurrenz**

Ein weiterer guter vorbereitender Schritt bei der Vermarktung von Affiliate-Produkten ist die Durchführung einer grundlegenden Keyword-Recherche. Ein Keyword ist ein beliebiges Wort oder eine beliebige Wortfolge, die ein Internetnutzer in eine Suchmaschine eingibt. Die Betrachtung der Keyword-Verwendung und -Trends kann Ihnen dabei helfen, Themen innerhalb einer Nische zu identifizieren, die ein hohes Suchaufkommen aufweisen – mit anderen Worten, sie können Ihnen dabei helfen, Ihre Produktauswahl auf diejenigen einzugrenzen, die die besten Verkaufschancen haben.

Ein Tool, das ich gerne verwende, ist Market Samurai. Damit können Sie die wichtigsten Keywords in jeder Nische anzeigen. Wenn Sie sich für eine kostenlose Mitgliedschaft anmelden, erhalten Sie auch Zugriff auf Videos, die Ihnen wertvolle Informationen darüber liefern, wie Sie den Unterschied zwischen einem wirklich wertvollen Keyword und einem Keyword erkennen, das zwar viel Traffic generiert, Ihnen aber nie Geld einbringt.

Es ist auch eine gute Idee, nach den Top-Blogs in Ihrer gewählten Nische zu suchen und zu sehen, welche Partnerprodukte sie bewerben. Sie können beginnen, indem Sie eine Google-Suche nach „Ihrer Nische" + Blogs durchführen. Ich empfehle, sich die zehn besten angezeigten Blogs anzusehen und die Namen der Produkte aufzuschreiben, die sie verkaufen. Das kann Ihnen einen guten Ausgangspunkt für die Produktrecherche bieten.

Produkte recherchieren

Sobald Sie eine Nische, einige häufig verwendete Schlüsselwörter und eine Liste potenzieller Produkte gefunden haben, die Sie bewerben möchten, ist es an der Zeit, diese Produkte zu recherchieren und herauszufinden, ob es sich lohnt, sie zu bewerben. Die Website, die ich für die Produktrecherche empfehle, ist ClickBank, ein riesiger Marktplatz, auf dem Sie Partnerprodukte prüfen und mehr darüber erfahren können. ClickBank ist kostenlos und eine großartige Ressource, um Informationen zu den Produkten nachzuschlagen, die Sie zuvor gefunden haben, und auch neue zu finden.

Für jedes auf der Website aufgeführte Produkt stellt ClickBank eine Reihe von Statistiken bereit, die Ihnen dabei helfen, mehr über das Produkt zu erfahren. Sie können beispielsweise Folgendes erfahren:

- Init $/Sale gibt an, wie viel Sie mit dem Verkauf eines Produkts verdienen würden.
- Der durchschnittliche Gesamtbetrag der erneuten Rechnungen gilt nur für Produkte, die regelmäßig in Rechnung gestellt werden, wie etwa Mitgliedschaftsseiten und Abonnements.
- Der durchschnittliche Preis pro Verkauf entspricht dem Erstverkauf für einmalige Produkte, beinhaltet jedoch die durchschnittliche erneute Rechnungsstellung für Produkte, die diese Option enthalten.
- Durchschnittlicher %/Verkauf gibt an, wie hoch der durchschnittliche Provisionsprozentsatz für alle Produkte (einschließlich Nachbestellungen und Upselling) für ein bestimmtes Produkt ist.
- Der Prozentsatz pro Verkauf für erneute Rechnungsstellung gibt die Provision an, die Sie voraussichtlich für erneute Rechnungsstellungen erhalten.

- Grav ist eine einzigartige Statistik, die von ClickBank erstellt wurde, um Ihnen zu sagen, wie beliebt ein bestimmtes Produkt ist. Sie spiegelt die jüngsten Verkäufe sowie die Anzahl der Partner wider, die für ein Produkt werben. Eine hohe Grav-Zahl kann ein Produkt also zu einer guten Wahl machen, aber auch darauf hinweisen, dass Sie mit erheblicher Konkurrenz rechnen müssen.

Wenn Sie bei ClickBank auf eine Kategorie oder Unterkategorie klicken, werden die Produkte in der Reihenfolge ihrer Beliebtheit aufgelistet. Sie können die Produkte jedoch auch nach einer der bereitgestellten Statistiken sortieren, um eine Vorstellung davon zu bekommen, welche Produkte Sie bevorzugen.

Ich empfehle, einen Blick auf die Top-Produkte in Ihrer gewählten Kategorie zu werfen und auch die Produkte nachzuschlagen, die Sie zuvor notiert haben. Schränken Sie Ihre Auswahl anhand Ihrer Erkenntnisse ein. Danach empfehle ich, die folgenden Schritte durchzuführen, um die Produkte, die noch auf Ihrer Liste stehen, gründlich zu recherchieren:

1. Führen Sie eine Google-Suche durch und lesen Sie Produktbewertungen. Wenn Sie ein Produkt bewerben, das viele schlechte Bewertungen hat, wird es schwer für Sie, und Sie sollten das auch gleich wissen. Wenn Sie viele Beschwerden oder Kunden bemerken, die das Produkt zurückgeben und eine Rückerstattung verlangen, sollten Sie es sich zweimal überlegen, ob Sie Zeit und Mühe in die Vermarktung investieren.
2. Melden Sie sich für die Mailingliste jedes Produkts an, damit Sie sich ein Bild vom Verkaufstrichter machen können. Sie möchten wissen, welche Materialien Sie als Partner erhalten.
3. Suchen Sie nach Partnern, die das betreffende Produkt verkaufen. Sie sollten nach Beschwerden von Partnern suchen, insbesondere nach solchen, die damit zu tun haben, dass sie nicht rechtzeitig bezahlt werden. Sie können sich auch an Vermarkter in Ihrer Nische wenden, um zu erfahren, was sie zu einem bestimmten Produkt zu sagen haben. Wissen ist Macht.
4. Wenn Sie Ihre Liste wieder auf drei oder vier Produkte eingegrenzt haben, empfehle ich Ihnen dringend, zumindest das Basisprodukt zu kaufen, um zu sehen, wie es ist. Vertrauen Sie mir, Sie möchten kein Produkt verkaufen, über das Sie nichts wissen. Sie

müssen wissen, was beim Kauf des Produkts enthalten ist, damit Sie wissen, was Sie verkaufen werden. Eine gründliche Überprüfung des Produkts kann Ihnen bei Ihrer endgültigen Entscheidung helfen und Ihnen helfen zu erkennen, was sich zu verkaufen lohnt und was nicht. Für viele Produkte gilt eine 30-tägige Geld-zurück-Garantie, sodass Sie ein Produkt, das Ihrer Meinung nach nicht gut ist, jederzeit gegen Erstattung des Kaufpreises zurückgeben können.

Wenn Sie mit Ihrer Recherche fertig sind, sollten Sie ein Produkt (oder vielleicht auch mehrere) haben, von dem Sie glauben, dass Sie es gut bewerben können. Je stärker Sie an ein Produkt glauben, desto einfacher wird es sein, es zu bewerben. Wenn Sie ein Produkt verkaufen, das Sie nicht gesehen haben und nicht verstehen, wird Ihr Mangel an Wissen sichtbar – insbesondere, wenn Sie es in sozialen Medien und auf Ihrem Blog bewerben.

Zu den am besten zu verkaufenden Produkten gehören digitale Produkte wie E-Books und Online-Kurse. Sie zahlen hohe Provisionen – manchmal bis zu 50 % – und sind relativ leicht zu verkaufen. Eine weitere gute Möglichkeit ist, Mitgliedschaften in Online-Foren und auf Mitgliederseiten zu vermarkten, wodurch Sie wiederkehrende Provisionen erhalten können, wenn Leute fortlaufende Mitgliedschaften kaufen. Ich suche auch gerne nach einem Produkt, das eine gute Anzahl von Upsells hat. Beispielsweise haben viele grundlegende Gewichtsverlustpläne Upsells, die Folgendes umfassen:

- Kochbücher
- Messbecher und Zubehör für Lebensmittel
- Fitnessprogramme
- Trainings-DVDs

Je mehr Upsells und verwandte Produkte es gibt, desto höher ist Ihr Verdienstpotenzial. Sehen Sie sich den gesamten Verkaufstrichter eines Produkts an, bevor Sie es auswählen, damit Sie genau wissen, für welches Produkt bzw. welche Produkte Sie werben werden.

**Eine Seite mit WordPress einrichten**

Sobald Sie ein Produkt zur Bewerbung ausgewählt haben, besteht der nächste Schritt darin, eine Landingpage mit WordPress einzurichten. WordPress ist eine kostenlose Software, mit der Sie eine effektive Website erstellen können, auch wenn Sie keine Designerfahrung oder Programmierkenntnisse haben. Die gesamte Programmierung erfolgt über ein benutzerfreundliches Dashboard, mit dem die Erstellung einer Landingpage für Ihr neues Partnerprodukt ein Kinderspiel ist.

Wenn Sie bereits ein Blog haben, sind Sie möglicherweise bereits mit WordPress vertraut, da es die beliebteste Software zum Einrichten eines Blogs ist. Wenn Sie WordPress noch nicht kennen, möchte ich klarstellen, dass ich von WordPress.org spreche, nicht von WordPress.com. WordPress.com ist eine kostenlose Blogging-Site, aber es ist nicht dasselbe wie eine eigene Website. Um Partnerprodukte effektiv zu vermarkten, müssen Sie über eine eigene Site verfügen. Viele Partnerprogramme erfordern, dass Partner einen eigenen Domänennamen besitzen.

Sie haben die Möglichkeit, Ihre Site direkt über WordPress zu hosten oder einen anderen Host zu verwenden. Die meisten Hosts erlauben die Verwendung von WordPress. Ich rate Ihnen davon ab, ein kostenloses oder sehr billiges Hosting-Programm zu wählen. Was Sie an Vorabkosten sparen, kann sich in Form übermäßiger Ausfallzeiten und schlechtem Kundenservice rächen.

Wählen Sie einen Domänennamen, der sich auf das Produkt bezieht, das Sie verkaufen. Idealerweise verwenden Sie einige der beliebtesten Schlüsselwörter, die Sie bei Ihrer Recherche gefunden haben. Wenn ein Produkt von vielen Ihrer Konkurrenten verkauft wird, kann es sich als Herausforderung erweisen, einen guten Domänennamen zu finden. Wenn kein .com-Name verfügbar ist, sollten Sie stattdessen eine der anderen Erweiterungen wie .biz oder .us verwenden.

Wenn Sie Ihre Website auf WordPress einrichten, können Sie aus Hunderten von kostenlosen Designs wählen. Ich empfehle Ihnen dringend, ein für Mobilgeräte geeignetes Design zu wählen. Seit 2015 führen mehr Menschen Suchvorgänge auf Mobilgeräten durch als auf Computern.

Google bestraft Websites, die nicht für Mobilgeräte optimiert sind. Es gibt also keinen Grund, für Ihre neue Website etwas anderes als ein für Mobilgeräte geeignetes Design zu wählen.

Beachten Sie beim Einrichten Ihrer neuen Zielseite außerdem Folgendes:

- Schreiben Sie eine aussagekräftige Überschrift, die verrät, was die Leute auf der Seite erwarten können, und die den Wunsch weckt, weiterzulesen. Versuchen Sie, Ihr Hauptschlüsselwort in der Überschrift zu verwenden.
- Wählen Sie ein Design, das auffällt, aber nicht unangenehm anzusehen ist. Aufdringliche Farben können die Leute sogar von Ihrer Site abschrecken. Sie möchten, dass sie bleiben, Ihre Inhalte lesen oder ansehen und sich für die Teilnahme entscheiden. Wenn Ihre Site zu grell ist, kann dies den gegenteiligen Effekt haben.
- Vermeiden Sie ausgefallene Schriftarten, die schwer zu lesen sind. Es ist in Ordnung, hier und da eine spezielle Schriftart zur Hervorhebung zu verwenden, aber wählen Sie keine übermäßig verzierte.
- Erwägen Sie, ein Verkaufsvideo für Ihre Seite zu erstellen. Es gibt Belege dafür, dass Zielseiten mit Videos tendenziell mehr Conversions erzielen als Seiten ohne Video. Sie können den Videoinhalt als Alternative in schriftlicher Form für Personen bereitstellen, die sich lieber kein Video ansehen möchten.
- Wenn Sie sich dafür entscheiden, nur schriftlichen Inhalt auf Ihrer Seite zu haben, achten Sie darauf, dass dieser gut geschrieben und überzeugend ist. Alles, was Sie schreiben (oder für dessen Schreiben Sie bezahlen), sollte sich auf die Lösung eines bestimmten Problems konzentrieren, das die Person hat, die Ihre Seite liest – und erklären, wie das von Ihnen beworbene Produkt ihm dabei helfen kann, dieses Problem zu lösen. Gliedern Sie den Inhalt mit Unterüberschriften und Aufzählungszeichen, damit er leicht zu lesen ist.
- Konzentrieren Sie sich auf die Erstellung natürlich klingender Inhalte, um Ihr Google-Ranking zu verbessern. Heutzutage reicht es nicht mehr aus, einfach immer wieder Ihre Schlüsselwörter zu verwenden. Ihre Inhalte müssen relevant und überzeugend sein, und Ihre Verwendung von Schlüsselwörtern muss natürlich und nicht erzwungen sein.

- Wählen Sie einen starken Call-to-Action, der sich auf der Seite mehrmals wiederholt. Die besten CTAs sind solche, die die Vorteile des von Ihnen verkauften Produkts hervorheben. Zum Beispiel:
    - JETZT abnehmen
    - Ja, ich möchte vorzeitig in Rente gehen
    - Hilf mir, meinen Hund zu trainieren

Sie alle sind lösungsorientiert und weitaus ansprechender als ein langweiliges .


**Optimierung Ihrer Site**

Das Einrichten Ihrer grundlegenden Website ist wichtig, Sie möchten aber auch alles tun, um sicherzustellen, dass Ihre Website vollständig optimiert ist. Ich könnte ein ganzes Buch über SEO schreiben, aber mein Ziel hier ist es lediglich, Ihnen einen Überblick zu geben, damit Sie die wichtigen Punkte berücksichtigen.

- Ihre Zielseite sollte für ein Hauptschlüsselwort und mehrere Nebenschlüsselwörter optimiert sein. Ihr Hauptschlüsselwort sollte ein Longtail-Schlüsselwort sein – ein Schlüsselwort, das sehr spezifisch ist und auf Personen zugeschnitten ist, die bereit sind, Geld auszugeben, um das Problem zu lösen, das Ihr ausgewähltes Produkt anspricht.
- Machen Sie sich keine Gedanken über die Keyword-Dichte. Wie bereits erwähnt, ist die Qualität Ihres Inhalts das Wichtigste. Verwenden Sie Ihre Keywords in Ihrer Überschrift, im ersten Satz Ihres Inhalts und an einigen anderen prominenten Stellen.
- Vernachlässigen Sie Ihre Tags und Beschreibungen nicht. Die Informationen, die auf Ihrer Seite erscheinen, sind nur die halbe Miete, wenn es um SEO geht. Sie sollten Ihre Schlüsselwörter auch an den folgenden Stellen verwenden:
    - Ihr Seitentitel (der Titel, der angezeigt wird, wenn Ihre Seite als Antwort auf eine Google-Suche angezeigt wird)
    - Ihre Meta-Beschreibung (die Kurzbeschreibung, die bei Google unter Ihrem Seitentitel angezeigt wird)

> Ihre H1- und H2-Tags, die Google mitteilen, wo sich Ihre Überschriften und Unterüberschriften befinden
> Ihre Alt- oder Bild-Tags, die angezeigt werden, wenn eines Ihrer Bilder auf der Seite eines Betrachters nicht richtig heruntergeladen werden kann

Die ordnungsgemäße Verwendung dieser Tags kann Ihre SEO erheblich verbessern.

Alles auf Ihrer Seite sollte informativ und relevant für Personen sein, die nach den von Ihnen gewählten Schlüsselwörtern suchen. Schlüsselwörter und Tags sind zwar wichtig, aber Google legt höchsten Wert auf gut geschriebene und relevante Inhalte. Solange Ihre Seite qualitativ hochwertige Inhalte bietet und Schlüsselwörter effektiv verwendet, sollten Sie bei Google gut abschneiden.

**Marketing in sozialen Medien**

Eine meiner bevorzugten Möglichkeiten, Partnerprodukte zu vermarkten, sind die sozialen Medien. Im Gegensatz zur Werbung mit Google AdWords ist die Werbung in sozialen Medien immer noch relativ günstig. Sie können eine Anzeige auf Facebook für nur fünf Dollar pro Tag kaufen. Im Gegensatz zur Suchmaschinenwerbung, die auf der Verwendung von Schlüsselwörtern basiert, können Sie mit Anzeigen in sozialen Medien Personen anhand von zwei Informationskategorien ansprechen:

- Demografische Daten, einschließlich Altersspanne, Geschlecht, Einkommensniveau und geografischer Standort
- Psychografik, einschließlich Kaufgewohnheiten, Hobbys und Interessen

Wenn Sie eine Geschäftsseite für Ihr Partnerprodukt einrichten, können Sie diese nutzen, um relevante Inhalte zu teilen und Anzeigen zu schalten. Facebook-Werbung ist von allen Social-Media-Websites am weitesten verbreitet. Hier sind einige weitere Vorteile der Nutzung von Facebook zur Vermarktung Ihrer Partnerprodukte:

- Facebook bietet Ihnen die Möglichkeit, eine unbegrenzte Anzahl von Seiten von Ihrem Hauptkonto aus zu verwalten. Wenn Sie mehr als ein Partnerprodukt vermarkten, können Sie ganz einfach für jedes eine Seite einrichten.

- Sie können Veröffentlichungen und Seiten folgen, die für Ihre Nische relevant sind, und diese nutzen, um Inhalte zu finden und mit Ihren Followern zu teilen.
- Facebook verfügt über ein kostenloses Planungstool, mit dem Sie Beiträge im Voraus einrichten können.
- Sie haben Zugriff auf Facebook Insights, das Ihnen Analysen bereitstellt, mit denen Sie die Leistung Ihrer Seite ermitteln und sehen können, welche Beiträge das meiste Engagement erzielen.

Wenn Sie eine Anzeige bei Facebook platzieren, können Sie die Personen, die darauf klicken, direkt auf Ihre neue Zielseite schicken. Sie erhalten jede Woche eine E-Mail von Facebook mit der Leistung Ihrer Anzeige, sodass Sie sie bei Bedarf optimieren und erneut überprüfen können.

Natürlich ist Facebook nicht die einzige Social-Media-Seiten, die Sie zur Bewerbung Ihrer Partnerprodukte nutzen können. Hier sind einige weitere, die Sie in Betracht ziehen sollten:

- Twitter ist immer noch sehr beliebt und aufgrund der Beschränkung auf 140 Zeichen ist es eine gute Wahl für die Übermittlung von Kurzinformationen und Werbeaktionen. Derzeit ist die einzige Möglichkeit, auf Twitter zu werben, ein gesponserter Tweet. Durch das Sponsoring erhöhen sich die Chancen, dass Ihr Tweet von allen Ihren Followern gesehen wird.
- Pinterest ist ein äußerst effektives Tool für die Vermarktung von Partnerprodukten, insbesondere wenn das von Ihnen verkaufte Produkt anspruchsvoll ist oder besonders Frauen anspricht. Pinterest-Nutzer sind in der Regel recht wohlhabend und tätigen Käufe viel eher auf der Grundlage dessen, was sie auf der Website sehen, als Nutzer anderer Social-Media-Seiten. Pinterest hat seine Werbeoptionen kürzlich für alle Unternehmen geöffnet.
- Snapchat ist eine relativ neue Social-Media-Site, die vor allem junge Leute anspricht. Wenn Sie auf Snapchat eine Anhängerschaft haben, können Sie dort kurze Ankündigungen und ähnliches verschicken, um die Leute über Ihr Produkt zu informieren.

- Instagram ist sehr visuell und bietet jetzt auch bezahlte Werbung. Wenn sich das von Ihnen verkaufte Produkt zum Fotografieren eignet, kann dies sehr effektiv sein, um Ihr Produkt bekannt zu machen.

Wenn Sie sich dazu entschließen, soziale Medien zur Vermarktung Ihres Produkts zu nutzen, sollten Sie die 4-zu-1-Regel beachten. Für jeden Inhalt, den Sie posten und der direkt mit dem von Ihnen vermarkteten Produkt zusammenhängt, sollten Sie vier Inhalte posten, die mit Ihrer Nische zusammenhängen und Ihren Followern einen Mehrwert bieten, ohne Ihr Produkt zu erwähnen. Denken Sie daran, dass die Leute Unternehmen in sozialen Medien nicht folgen, weil sie mit einer endlosen Reihe von Verkaufsgesprächen bombardiert werden wollen. Sie wollen informiert und unterhalten werden.

**Erstellen von Backlinks für besseres SEO**

Das letzte Thema, das ich ansprechen möchte, betrifft SEO. Als wir zuvor über SEO sprachen, konzentrierten wir uns auf On-Site-SEO – die Dinge, die Sie auf Ihrer Website tun können, damit sie bei Google einen hohen Rang erreicht, wenn Leute nach Ihren ausgewählten Schlüsselwörtern suchen. Es gibt jedoch noch ein weiteres Element von SEO, und das hat damit zu tun, andere Websites dazu zu bringen, auf Ihre Website zu verlinken.

Die besten Backlinks erhalten Sie von hochwertigen, vertrauenswürdigen Websites in Ihrer gewählten Nische. Es ist möglich, Backlinks zu kaufen, aber das gilt als „Black Hat"-SEO-Taktik und ich empfehle es nicht. Wenn Sie dabei erwischt werden, kann Google Sie bestrafen. Konzentrieren Sie sich stattdessen darauf, Blogger und Publikationen in Ihrer Nische zu kontaktieren. Schreiben Sie Gastblogs und -artikel, listen Sie Ihre Website in Nischenverzeichnissen auf und ermutigen Sie Freunde und andere Personen, die Websites haben, nach Möglichkeit auf Ihre Website zu verlinken.

Es braucht Zeit, um qualitativ hochwertige Backlinks zu sammeln, aber es ist die Zeit und Mühe wert. Je mehr Links Sie haben, desto mehr Verkehr wird auf Ihre Zielseite geleitet.

Eine letzte Anmerkung zum Affiliate-Marketing. Wenn Sie auf Ihrem Blog Affiliate-Produkte vermarkten, möchten Sie nicht, dass Ihr Blog Ihren Besuchern oder Google zu überladen oder spammig erscheint. Eine Möglichkeit, die Dinge unter Kontrolle zu halten, besteht darin, einen

Teil Ihres Affiliate-Marketings per E-Mail durchzuführen. Wenn Sie Leute dazu bringen, sich für Ihre E-Mail-Liste anzumelden, können Sie ihnen einzelne Produkte in einer E-Mail anbieten, ohne einen Link auf Ihrer Website einzufügen. Dasselbe gilt für kurze, kostenlose eBooks. Der Vorteil beider Methoden besteht darin, dass Sie Ihren Abonnenten und Besuchern etwas kostenlos anbieten (eine informative E-Mail oder ein Buch), und das bedeutet, dass sie viel eher das kaufen, was Sie vorschlagen, als wenn Sie ihnen einfach ein hartes Verkaufsgespräch präsentieren würden.

# Kapitel 5: Andere Methoden für passives Einkommen

Obwohl das Schreiben von E-Bücher und das Vermarkten von Partnerprodukten meine beiden bevorzugten Methoden sind, um passives Einkommen zu erzielen, sind dies sicherlich nicht die einzigen Methoden, die Sie verwenden können. In diesem Kapitel werde ich mehrere andere Methoden behandeln, die Sie möglicherweise in Betracht ziehen möchten, und Ihnen einen Überblick über jede einzelne geben. Ich empfehle Ihnen, das Kapitel durchzulesen und zu sehen, welche Ideen Ihnen am meisten zusagen. Sie können dann mit Ihren ausgewählten Ideen weitermachen und daran arbeiten, sie so umzusetzen, dass sie passives Einkommen generieren.

**So erstellen und vermarkten Sie eine mobile App**

Früher galt es als zu riskant, eine App zu entwickeln, die man verkaufen wollte. Für Vermarkter ohne Programmiererfahrung hieß das, einen Programmierer mit der Entwicklung und Erstellung der App zu beauftragen, was in der Regel zu unerschwinglichen Vorlaufkosten führte. Das hat sich jedoch inzwischen geändert – und wenn Sie es richtig machen, kann das Erstellen und Verkaufen einer App eine gute Möglichkeit sein, passives Einkommen zu erzielen.

**Erstellen eines App-Konzepts**

Wenn Sie bereits eine tolle Idee für eine App haben und über die nötigen Mittel verfügen, um sie zu entwickeln, dann ermutige ich Sie, es zu tun. Es wird immer ein bisschen Glückssache sein, aber wenn Sie sich die Zeit nehmen, die App auf Ihrem Blog oder in den sozialen Medien zu vermarkten, können Sie möglicherweise genug Exemplare verkaufen, um ein stetiges Einkommen zu erzielen. Sie wissen wahrscheinlich bereits, dass Apps beispielsweise im Apple Store und im Google Store verkauft werden, und Sie können Apps jetzt auch im Amazon App Store kaufen.

Was können Sie tun, wenn Sie keine Idee für eine App haben? Eine Lösung, die ich gerne vorschlage, ist, auf einer vorhandenen App aufzubauen. Damit meine ich, dass Sie sich beliebte

Apps in Ihrer Nische ansehen und überlegen können, wie Sie ihnen einen neuen Twist verleihen können. Sehen wir uns ein Beispiel für eine App an, die es geschafft hat, in einer überfüllten Nische etwas Neues anzubieten. Die Abnehm-App „Lose It" bietet einige Funktionen, durch die sie sich von anderen verfügbaren Abnehm-Apps abhebt. Sie ermöglicht es den Benutzern, mit ihrem Smartphone Barcodes zu scannen, um den Kaloriengehalt von abgepackten Lebensmitteln abzurufen. Sie speichert jeden gescannten Artikel sowie einzelne Mahlzeiten, damit Sie diese leicht wiederfinden können. Außerdem ermöglicht sie die einfache Suche nach Mahlzeiten in beliebten Restaurants, darunter Fast Food und Lokale mit Bedienung.

Wenn Sie es schaffen, einer beliebten App durch das Hinzufügen zusätzlicher Funktionen oder einen neuen Ansatz eine neue Wendung zu geben, können Sie durch die Vermarktung Ihrer App möglicherweise ein nettes passives Einkommen erzielen.

**Erstellen Ihrer App**

Der nächste Schritt ist die Erstellung Ihrer App. Wenn Sie über umfangreiche Programmiererfahrung verfügen, können Sie die App sicherlich selbst erstellen und programmieren. Generell rate ich jedoch davon ab, die App selbst zu erstellen. Sie können auf vielen der Websites, die ich zuvor erwähnt habe, einen Programmierer beauftragen, darunter Websites wie Freelancer und Upwork. Natürlich müssen Sie im Voraus etwas Geld bezahlen, aber sobald Sie das getan haben, können Sie die Arbeit an einen Programmierer übergeben. Sie müssen genau erklären, was die App leisten soll. Ich empfehle, eine vollständige Liste der gewünschten Funktionen zu erstellen. Überlegen Sie, ob Sie In-App-Käufe und ähnliches zulassen möchten. Ein guter Programmierer sollte eine Liste mit Fragen haben, die Ihnen dabei helfen, Ihre Wünsche einzugrenzen.

Wenn Sie das bevorzugen, können Sie auch Online-Ressourcen verwenden, um die App selbst zu erstellen. Hier sind zwei, die mir gefallen:

- AppyPie – eine Website, die Ihnen Tools zur Verfügung stellt, die Sie bei der Erstellung Ihrer eigenen mobilen App unterstützen
- Zapporoo – eine weitere Ressource zur Erstellung mobiler Apps

**Vermarkten Sie Ihre App**

Sobald Sie eine fertige App haben, die getestet und verkaufsbereit ist, können Sie sie an den zuvor genannten Orten verkaufen, darunter im Apple Store, im Google Store und im Amazon App Store. Sie sollten jedoch auch selbst etwas Marketing betreiben. Ich empfehle Ihnen dringend, eine WordPress-Site einzurichten, um Ihre App direkt an Verbraucher zu verkaufen. Verwenden Sie dabei dieselben Tipps, die ich im letzten Kapitel zum Affiliate-Marketing aufgeführt habe.

Sie sollten auch erwägen, Social-Media-Sites einzurichten, um Ihre App zu vermarkten. Sie können Screenshots einfügen, die den Leuten zeigen, was die App kann. Wenn Sie Erfahrungsberichte sammeln, können Sie diese zu Ihrer WordPress-Seite hinzufügen und sie auch auf Ihren Social-Media-Seiten auflisten.

Das Erstellen einer mobilen App ist nicht jedermanns Sache, aber wenn Sie eine großartige Idee haben und bereit sind, jemanden für die Programmierung der App zu bezahlen, kann dies eine gute Möglichkeit sein, eine passive Einnahmequelle aufzubauen.

**So erstellen und monetarisieren Sie einen YouTube-Kanal**

Manchmal schreckt der Gedanke, Videos zu erstellen, neue Marketingexperten ab. Ich weiß, dass das Drehen eigener Videos einschüchternd wirken kann, und Sie denken vielleicht, dass es auch unerschwinglich teuer wäre. Das Gegenteil ist jedoch der Fall. Sie benötigen nur sehr wenig technisches Fachwissen, um ein Video zu drehen, und wenn Sie gerne spontan sprechen, müssen Sie nicht einmal ein formelles Skript schreiben.

Lassen Sie uns vor diesem Hintergrund darüber sprechen, wie Sie mit der Erstellung von Videos und deren Veröffentlichung auf Ihrem eigenen YouTube-Kanal Geld verdienen können. Videos sind eine der beliebtesten Formen von Online-Inhalten. Tatsächlich würden die meisten Leute lieber ein kurzes (zwei oder drei Minuten) Video ansehen, als ein paar kurze Blogbeiträge zu lesen, obwohl der Zeitaufwand ungefähr gleich wäre.

Videos werden in sozialen Medien weitaus häufiger geteilt als andere Inhaltsformen – tatsächlich sind sie beliebter als Texte und Fotos zusammen. Das bedeutet, dass Sie ein Video, sobald Sie es erstellt haben, mit sehr geringem Aufwand Ihrerseits verbreiten können.

**So erstellen Sie einen YouTube-Kanal**

Einen YouTube-Kanal zu erstellen ist ganz einfach. Wenn Sie ein Gmail- oder Google+-Konto haben, können Sie sich mit Ihrer ID bei YouTube anmelden. Sobald Sie angemeldet sind, können Sie einfach oben rechts auf dem Bildschirm auf Ihr Profilbild klicken und die Option „Kanal erstellen" auswählen, um Ihren Kanal zu erstellen.

Wenn Sie Ihren Kanal erstellen, sollten Sie Folgendes unbedingt tun:

- Erstellen Sie einen Kanalnamen, der Ihre Nische und die Art der Inhalte widerspiegelt, die Sie veröffentlichen werden
- Wählen Sie ein Profilbild oder Logo, das einzigartig und einprägsam ist. Wenn Sie Ihren Namen verwenden, ist es eine gute Idee, dasselbe Foto zu verwenden, das Sie auf Ihren Social-Media-Konten verwenden, um Ihrer Online-Präsenz Kontinuität zu verleihen.
- Verfassen Sie eine schlagwortreiche Beschreibung Ihres Kanals, die einen Link zurück zu Ihrer Website enthält und den Zuschauern eine genaue Vorstellung davon gibt, was sie auf Ihrem Kanal erwarten können.

Da YouTube Google gehört, bietet die Nutzung von YouTube einige großartige SEO-Vorteile. Ich werde gleich etwas mehr darüber sprechen.

**Tipps zum Erstellen unvergesslicher Videos**

Wie ich bereits erwähnt habe, benötigen Sie keine großen technischen Kenntnisse, um Videoinhalte zu erstellen. Ihr Ziel sollte es sein, Videos zu erstellen, die Ihrer Zielgruppe sowohl Unterhaltung als auch Mehrwert bieten. Hier sind einige mögliche Ideen für Marketingvideos:

- Erzählen Sie eine Kurzgeschichte, die ein wichtiges Thema Ihrer Nische hervorhebt oder ein Produkt erklärt, das Sie vermarkten

- Erstellen Sie ein Whiteboard oder ein animiertes Video, das hilft, ein kompliziertes Konzept zu erklären, das für Ihre Nische relevant ist
- Erstellen Sie eine unterhaltsame Produktdemo oder ein Produkt-Unboxing-Video, das eines Ihrer Partnerprodukte hervorhebt
- Führen Sie eine Zuschauer-Frage-und-Antwort-Runde durch, in der Sie Fragen von Ihren Followern in den sozialen Medien oder im Kommentarbereich Ihrer YouTube-Videos stellen.

Genau wie bei Ihrem E-Book können Sie einen professionellen Autor mit der Erstellung eines Videoskripts beauftragen, wenn Sie sich nicht wohl dabei fühlen, spontan zu sprechen.

**Möglichkeiten zur Monetarisierung Ihrer Videos**

Lassen Sie uns nun darüber sprechen, wie Sie mit Ihren Videos auf YouTube Geld verdienen. Am einfachsten geht das, indem Sie sich für die AdSense-Option entscheiden. AdSense zeigt Anzeigen vor Ihrem Video an und gibt den Benutzern die Möglichkeit, darauf zu klicken, um ein Produkt zu kaufen. Der Vorteil von AdSense besteht darin, dass die angezeigte Anzeige bei einem Video zu einem bestimmten technischen Thema wahrscheinlich etwas Relevantes für Ihre Nische ist. Benutzer klicken mit hoher Wahrscheinlichkeit auf relevante Anzeigen, wenn sie Ihr Video hilfreich finden, und Sie erhalten jedes Mal eine Provision, wenn sie dies tun.

Bedenken Sie, dass Sie mit AdSense nicht reich werden. YouTube kann jedoch eine sehr gute Möglichkeit sein, eine neue passive Einnahmequelle zu schaffen, ohne viel Geld oder Zeit aufwenden zu müssen.

Eine weitere Möglichkeit besteht darin, eine Videoserie zu erstellen und von den Benutzern eine Gebühr für das Ansehen zu verlangen. Da die meisten Videos auf YouTube kostenlos sind, müssen Sie ziemlich sicher sein, dass die Leute bereit sind, für Ihre Inhalte zu bezahlen. Wir werden gleich über Online-Kurse sprechen, aber die Erstellung eines Webinars oder Videokurses ist sicherlich eine Option für YouTube.

## So bewerben Sie Ihre Videos

Man sollte nicht vergessen, dass YouTube eine der meistbesuchten Websites der Welt ist. Tatsächlich ist es nach Google auch die zweitgrößte Suchmaschine der Welt. Es ist viel einfacher, ein YouTube-Video bei der Suche nach einem bestimmten Schlüsselwort in den Suchergebnissen zu platzieren, als Ihr Blog oder Ihre Website in den Suchergebnissen zu platzieren. Google scheint YouTube-Videos in den Suchergebnissen zu bevorzugen – wahrscheinlich, weil die Nutzer sie auch bevorzugen. Mit Videos können Sie viel mehr Aufmerksamkeit erregen als mit anderen Inhalten. Wenn Sie Ihrem Video einen Namen geben und eine Beschreibung dafür schreiben, achten Sie darauf, die von Ihnen gewählten Schlüsselwörter zu verwenden und auch die Tags voll auszunutzen. So stellen Sie sicher, dass Ihr Video bei Google einen hohen Rang einnimmt.

Ich empfehle außerdem, Ihre Videos auf Ihrer Website einzubetten und sie mit Ihren Social-Media-Kontakten zu teilen. Videos lassen sich sehr gut teilen und sind sehr beliebt, daher ist es sehr sinnvoll, sie in den sozialen Medien zu teilen. Wenn Sie beispielsweise eine Facebook-Seite für Ihre Partnerprodukte haben und Ihr Video für diese Nische relevant ist, können Sie es dort teilen und Ihre Follower dazu anregen, es ebenfalls zu teilen. Sie können den Beitrag auch pushen und so sicherstellen, dass Ihr Video eine ganz neue Fangemeinde erreicht.

## So erstellen Sie einen Online-Kurs

Gibt es ein Thema, das Sie in- und auswendig kennen? Wenn Sie jahrelang in einer bestimmten Branche gearbeitet oder ein bestimmtes Thema studiert haben, könnte es sich lohnen, Zeit und Energie in die Erstellung eines Online-Kurses zu investieren.

Ich möchte ehrlich sein: Einen Online-Kurs einzurichten, ist eine Menge Arbeit. Sie müssen Inhalte schreiben, Kursmaterialien erstellen und möglicherweise auch Videos drehen. Wenn Sie es richtig machen, kann es leicht fünfmal so lange dauern wie die Erstellung eines eBooks – und das ist zweifellos eine große Zeitinvestition.

Der Grund, warum ich denke, dass es sich lohnt, ist, dass Sie die ganze Zeit am Ende wieder hereinholen können. Es kann fünfmal so lange dauern, einen Online-Kurs als E-Book zu erstellen, aber Sie können realistischerweise auch fünf- oder zehnmal so viel dafür verlangen.

Wenn Sie für Ihr E-Book 9,99 $ verlangen, können Sie einen Kurs möglicherweise für bis zu 149,00 $ verkaufen – ein enormer Aufschlag, der Ihnen dauerhaft hohe Einnahmen beschert.

**Tipps zum Erstellen eines Kurses**

Der Schlüssel zum Anbieten eines Online-Kurses besteht darin, eine Nische zu finden, in der Sie sich wohl fühlen und die genügend Verkehr hat, um die Zeit und Mühe zu rechtfertigen, die Sie in die Erstellung des Kurses investieren. Eine gute Möglichkeit hierfür ist die Keyword-Recherche mit Google AdWords oder SemRush, um Long-Tail-Keywords mit einem ausreichend hohen Suchvolumen zu identifizieren, damit sich die Einrichtung eines Kurses lohnt.

Denken Sie daran, dass Sie wiederum die Möglichkeit haben, bestimmte Elemente Ihrer Kurserstellung auszulagern. Sie können einen Autor beauftragen, Videoskripte für Sie zu schreiben und Kursmaterialien zu schreiben oder zu bearbeiten. Wenn Sie Videos verwenden möchten, kann es sich lohnen, einen professionellen Videofilmer zu engagieren, um sicherzustellen, dass Ihre Videos gut aussehen. Viele Online-Lehrer verlangen viel Geld für Kurse. Wenn Sie dasselbe tun möchten, müssen Sie sicherstellen, dass Ihre Schüler das Gefühl haben, dass sie das bekommen, wofür sie bezahlt haben.

**Tipps zur Vermarktung Ihres Online-Kurses**

Als Erstes müssen Sie überlegen, wo Sie Ihren Kurs anbieten möchten. Websites wie Udemy und Teachable sind gute Optionen, da sie bekannte Quellen für Online-Bildung sind. Sie müssen einen kleinen Prozentsatz Ihres Verkaufspreises zahlen, damit Ihr Kurs dort aufgeführt wird. Ich denke, es ist die Ausgabe wert. Die Wahrscheinlichkeit, dass Menschen auf diesen Websites nach einem Online-Kurs suchen, ist viel größer als bei Google.

Möglicherweise möchten Sie auch die folgenden Methoden zur Bekanntmachung Ihres Kurses in Betracht ziehen:

- Einrichten einer WordPress-Site und eines Verkaufstrichters, um Personen zu Ihrem Kurs zu leiten
- Erstellen Sie Social-Media-Anzeigen, um Personen auf Ihre Seiten bei Udemy oder auf Ihre WordPress-Site zu leiten.

- Richten Sie eine Facebook-Seite ein, um für Ihren Kurs zu werben. Sie können dort interessante Informationen aus dem Kurs teilen und sogar Auszüge aus einigen Ihrer Kursvideos veröffentlichen, wenn Sie möchten.
- Senden Sie eine Vorschau Ihres Kurses an wichtige Influencer in Ihrer Nische und bitten Sie sie, den Kurs zu bewerten oder ihren Followern zu empfehlen.

Ein weiterer Punkt, den Sie bei der Einrichtung eines Online-Kurses berücksichtigen sollten, ist, ob Sie ihn als Quelle für regelmäßige Einnahmen nutzen können. Eine Möglichkeit hierfür ist die Einrichtung einer Website mit einem privaten Diskussionsforum. Nachdem die Teilnehmer den Kurs absolviert haben, können Sie ihnen eine Mitgliedschaft anbieten und ihnen Folgendes versprechen:

- Aktualisierungen der Kursmaterialien
- Neue Ressourcen für Ihre Nische
- Zugang zu Foren nur für Mitglieder und exklusiven Informationen
- Mentoring mit Ihnen
- Exklusive Q&A-Sessions mit Ihnen und anderen Experten

Der Vorteil, Ihren Kurs in eine Mitgliederseite umzuwandeln, besteht darin, dass Sie, wenn Sie Ihre Mitglieder zufriedenstellen, über Monate oder sogar Jahre hinweg regelmäßige Einnahmen von ihnen erzielen können. Wie bei jeder Mitgliederseite wird es zu einer gewissen Fluktuation kommen, aber die Vorteile überwiegen die Risiken bei weitem.

**Einrichten von Bewertungs- oder Vergleichsseiten**

Die überwiegende Mehrheit der Menschen, die Produkte online kaufen, liest Produktbewertungen und -vergleiche, bevor sie einen Kauf tätigen. Tatsächlich zeigen Untersuchungen, dass 80 % aller Verbraucher keinen Kauf tätigen, ohne Bewertungen zu lesen, und dass sie Bewertungen von Fremden genauso viel Glauben schenken wie denen von Menschen, die sie persönlich kennen.

Diese Statistik zeigt den Weg zu einer guten Möglichkeit, Geld zu verdienen. Sie können den Menschen einen legitimen Dienst erweisen, indem Sie ihnen ehrliche Bewertungen von Produkten in einer bestimmten Nische geben. Und so geht's:

1. Richten Sie eine Website für eine bestimmte Nische ein und nehmen Sie sich die Zeit, nützliche Inhalte zu erstellen, darunter Blogbeiträge, Anleitungsvideos, Tutorials und mehr.
2. Recherchieren Sie einige der verschiedenen Produkte in dieser Nische und melden Sie sich für das Partnerprogramm von Amazon an.
3. Richten Sie eine Seite ein, die Produktvergleiche oder Produktbewertungen anbietet. Sie können verschiedene Optionen einrichten. Eine Website, die sich beispielsweise auf Laptops konzentriert, könnte Bewertungen der fünf besten Laptops in verschiedenen Kategorien anbieten, darunter Business-Optionen, Gaming-Computer und 2-in-1-Computer (Laptops, die sich in Tablets umwandeln lassen). Neben jeder Bewertung oder jedem Vergleich würden Sie eine Schaltfläche „Kaufen" einfügen, die zu Ihrem Affiliate-Link auf Amazon führt.

Der Vorteil einer solchen Site besteht darin, dass sie den Nutzern eine einfache Möglichkeit bietet, nebeneinander Vergleiche anzustellen – etwas, das bei Amazon schwierig ist, da die Nutzer zwischen den Seiten wechseln müssten, um sich ein Bild von den Unterschieden und Ähnlichkeiten zwischen den Produkten zu machen. Wenn Sie sich die Zeit nehmen, Funktionen aufzulisten und ehrliches Feedback zu den Vor- und Nachteilen jedes Produkts zu geben und dies am Ende mit einem starken Aufruf zum Handeln zu verbinden, der die Leute dazu ermutigt, eine Wahl zu treffen und auf „Kaufen" zu klicken, können Sie auf diese Weise ein schönes Einkommen erzielen.

Der Schlüssel zum Einrichten einer Vergleichs- oder Bewertungsseite besteht darin, dass die von Ihnen aufgelisteten Bewertungen echt sein müssen. Es wird nicht ausreichen, einfach die Produktfunktionen zu wiederholen, wie sie bei Amazon aufgeführt sind. Sie müssen Ihren Kunden einen echten Einblick in die Funktionsweise des Produkts geben. In einer idealen Welt würden Sie alle Produkte selbst ausprobieren. Falls Sie relativ preiswerte Produkte vermarkten, wie Zahnaufhellungsprodukte oder Küchengeräte, können Sie möglicherweise genau das tun. Wenn Sie jedoch Laptops vergleichen, kann es sich als schwierig erweisen, alle auszuprobieren.

Wenn Sie die Produkte nicht selbst ausprobieren können, müssen Sie sie gründlich recherchieren und versuchen, so viele Informationen wie möglich über die Erfahrungen mit dem betreffenden Produkt einzubeziehen. Das Lesen von Verbraucherberichten und Amazon-Rezensionen sowie Rezensionen in Nischenpublikationen ist ein guter Anfang.

Ich empfehle, die Informationen aus den vorherigen Kapiteln zu verwenden, um eine WordPress-Site für Ihre Vergleichsseite einzurichten, die Site mit den von Ihnen gewählten Schlüsselwörtern zu optimieren und Ihre Seite in sozialen Medien und auf Spezialseiten in Ihrer Nische zu bewerben. Da Ihr Ziel darin besteht, jemanden dazu zu bringen, einen Kauf über Ihre Seite zu tätigen, empfehle ich die Verwendung von Long-Tail-Schlüsselwörtern, die Wörter wie diese enthalten:

- Vergleichen
- Vergleich
- Rezension
- Kaufen
- Am besten
- Spitze

Mit diesen Wörtern können Sie hochqualifizierten Traffic anziehen – Personen, die kurz vor dem Kauf stehen. Sie bieten ihnen eine einfache Möglichkeit, Produkte zu vergleichen, ohne zwischen verschiedenen Websites oder Seiten hin- und herwechseln zu müssen. Benutzerfreundlichkeit ist wichtig und Ihre Website kann die Lösung für das Preisvergleichsproblem dieser Personen sein.

Der Nachteil dabei ist natürlich die Zeit, die es braucht, um die Site einzurichten und zum Laufen zu bringen. Sobald Sie diese Hürde genommen haben, sollte die Site nur noch gelegentliche Wartung erfordern. Sie sollten weiterhin in Ihrem Blog Beiträge veröffentlichen und andere Informationen teilen, und Sie müssen Ihre Bewertungen auch regelmäßig aktualisieren, wenn Produkte eingestellt und neue Produkte hinzugefügt werden.

**Erstellen Sie Ihr eigenes Produkt**

Wir haben bereits über den Verkauf von Affiliate-Produkten gesprochen, aber diese Idee bringt das Konzept auf die nächste Ebene. Ein kurzer Blick auf ClickBank zeigt, dass es Tausende von digitalen und physischen Produkten gibt, die Sie als Affiliate vermarkten können. Was Sie bei diesen Produkten bedenken sollten, ist, dass jedes von ihnen einen Produktersteller hat, jemanden, der mit jedem von jedem Affiliate verkauften Produkt Geld verdient. Es liegt auf der Hand, dass, wenn Affiliates mit dem Verkauf dieser Produkte ein gutes Einkommen erzielen, der Produktersteller noch mehr verdient.

Stellen Sie sich vor, Sie erstellen ein Produkt – sagen wir, es ist eine Kombination aus einem E-Book mit einigen Videos und einem physischen Produkt wie beispielsweise einem Gerät zum Abnehmen oder etwas Ähnlichem. Sie legen den Preis Ihres Produkts auf 99 $ fest. Zunächst verkaufen Sie das Produkt selbst über Ihre eigene Website. Wenn das Ganze anläuft, entscheiden Sie sich, ein Partnerprogramm einzurichten, das 50 % Provision für jedes verkaufte Produkt bietet.

Der Vorteil dabei ist, dass Sie potenziell viel mehr Produkte verkaufen können, als Sie alleine verkaufen würden. Alles, was Sie tun müssen, ist, Ihren Partnern Marketingmaterialien zur Verfügung zu stellen. Sie könnten ihnen beispielsweise Folgendes geben:

- Eine Landingpage-Vorlage
- Zu verwendender Anzeigentext und Bilder
- Kopie zur Verwendung in ihren E-Mail-Kampagnen

Ihre Partner müssen ihre eigene Zeit und ihr eigenes Geld in die Vermarktung Ihrer Produkte investieren. Ja, Sie müssen den Kaufpreis 50/50 mit ihnen teilen. Allerdings betreiben Sie jetzt sehr wenig Marketing. Wenn Sie 10 Partner gewinnen, könnten Sie (zumindest theoretisch) zehnmal so viele Produkte verkaufen wie zuvor. Ihre Gemeinkosten sind geringer, weil Sie nicht für Werbung bezahlen. Der geringere Betrag, den Sie für jedes verkaufte Produkt verdienen, wird durch das höhere Verkaufsvolumen mehr als ausgeglichen.

**Tipps zum Erstellen eines Produkts**

Der erste Schritt besteht darin, Ihr Produkt zu konzipieren. Wir haben bereits besprochen, wie man eine Nische findet. Wenn Sie ein Produkt entwickeln möchten, ist es wichtig, dies in einer Nische zu tun, in der Sie bereits über ein gewisses Wissen und Autorität verfügen – das ist es, was die Leute dazu bringt, bei Ihnen zu kaufen.

Eine Methode, die ich empfehle, ist, sich die Top-Produkte auf ClickBank anzusehen und nach Lücken zu suchen. Welche Dinge werden von den verfügbaren Produkten nicht abgedeckt? Gibt es in den Bewertungen der Top-Produkte etwas, das auf eine Schwäche oder eine Chance hinweist? Ihre Aufgabe ist es, eine Lücke zu finden, durch die sich Ihr Produkt von der Masse abhebt.

Sobald Sie Ihr Produkt konzipiert haben, müssen Sie es erstellen. Wie bei der Erstellung eines Online-Kurses kann die Arbeit bei der Erstellung und Herstellung eines Produkts sehr umfangreich sein. Wenn ein Teil Ihres Produkts ein E-Book ist, können Sie es, wenn Sie möchten, an einen Ghostwriter auslagern. Wenn Sie sowohl ein digitales als auch ein physisches Produkt anbieten, müssen Sie jemanden finden, der das Produkt für Sie herstellt.

**Tipps zur Vermarktung Ihres Produkts**

Wenn Sie mit dem Verkauf Ihres Produkts beginnen, verkaufen Sie es selbst. Sie können eine WordPress-Site erstellen, es auf Ihrem Blog bewerben und kostenlose Proben an Branchen-Influencer senden, damit diese das Produkt bewerten. Sie müssen sich auch Gedanken über den Vertrieb machen. Ein rein digitales Produkt kann einfach von Ihrer „Danke"-Seite heruntergeladen werden. Ein physisches Produkt muss jedoch wahrscheinlich direkt vom Hersteller oder von einem Dropshipping-Unternehmen versandt werden.

Wenn sich Ihr Produkt gut verkauft, möchten Sie vielleicht Upgrades und Verbesserungen hinzufügen und schließlich ein eigenes Partnerprogramm erstellen. Sie müssen den Partnern eine angemessene Provision zahlen, damit sie Ihr Produkt verkaufen, aber der Vorteil dabei ist, dass sie das Marketing und andere Kleinarbeiten für Sie übernehmen können, während Sie sich entspannen und Ihr Einkommen einstreichen.

Ich hoffe, Sie erkennen die Vorteile, die sich ergeben, wenn Sie sich die Zeit nehmen, passive Einkommensströme zu schaffen. Der Aufwand, den Sie in die Einrichtung dieser ströme stecken, ist im Vergleich zum langfristigen Verdienstpotenzial relativ gering. Selbst die zeitaufwändigsten Optionen, wie die Erstellung eines Produkts oder eines Online-Kurses, können sich bei guter Arbeit mehrfach auszahlen.

Denken Sie daran, dass es immer besser ist, wenn Ihr Einkommen aus mehreren Quellen stammt. Wenn Sie ein Produkt entwickeln und der Markt dafür verschwindet, müssen Sie sich abmühen, dieses Einkommen zu ersetzen. Wenn Sie mehrere Einkommensquellen haben, kann eine davon versiegen und Sie kommen trotzdem zurecht. Das bedeutet, dass Sie die bestmöglichen Voraussetzungen für eine langfristige finanzielle Freiheit haben, weil Sie sich keine Sorgen um den Verlust Ihres Einkommens machen müssen, wie es bei einem Nine-to-five-Job der Fall wäre.

# Abschluss

Vielen Dank für die Lektüre von Passives Einkommen. Ich hoffe, dass Sie nach der Lektüre dieses Buches begeistert und voller Energie sind angesichts der Möglichkeiten, die Ihnen das Erzielen passiven Einkommens eröffnen kann.

Wenn Sie mit dem Aufbau Ihrer ersten passiven Einkommensströme beginnen, möchte ich Ihnen einige Empfehlungen geben, die Ihnen dabei helfen sollen, schnell Geld fließen zu lassen:

1. Wählen Sie zunächst eine Nische aus, in der Sie über Fachwissen verfügen, und richten Sie ein Blog ein. Fügen Sie zunächst ein wenig Inhalt hinzu und richten Sie eine Facebook-Seite und einen Twitter-Feed ein, um Ihr Blog bekannt zu machen.
2. Recherchieren Sie Partnerprodukte und fügen Sie sie Ihrem Blog hinzu. Ich empfehle, mit einem Blog und Partnerprodukten zu beginnen, da dies einer der schnellsten Wege ist, Geld zu verdienen. Es mag langsam beginnen, aber jeder Anfang ist gut. Sie können und sollten diesen Schritt machen, bevor Sie Ihren Job aufgeben.
3. Überlegen Sie, was Sie als Nächstes tun möchten, um Ihr Blog auszubauen. Wenn Sie gerne schreiben und eine Idee für ein kurzes eBook haben, sollten Sie dies als nächsten Schritt in Betracht ziehen. Sie können das Buch kostenlos über den Link zur Kindle Publishing-Plattform in der Ressourcenliste veröffentlichen und das eBook auf Ihrer eigenen Website sowie auf Amazon verkaufen.
4. Von dort aus können Sie Ihr Angebot erweitern, indem Sie einen YouTube-Kanal einrichten, Ihrer Website eine Bewertungs- und Vergleichsseite hinzufügen, einen Online-Kurs erstellen oder sogar ein Produkt kreieren. Es ist eine gute Idee, zunächst mit einigen der weniger arbeitsintensiven Methoden für passives Einkommen zu beginnen, damit Sie eine Einkommensbasis haben, und dann zu einigen der zeitaufwändigeren Optionen überzugehen, die ich für Sie skizziert habe.
5. Und schließlich sollten Sie versuchen, regelmäßige Einnahmequellen zu schaffen, indem Sie eine Mitgliedschaftsseite oder ein anderes wiederkehrendes Produkt anbieten. Wenn Sie dieses Niveau erreicht haben, können Sie anfangen, viel Geld zu verdienen, ohne viel Arbeit zu investieren.

Unterm Strich kann passives Einkommen der Weg zur finanziellen Freiheit sein, wenn Sie sich die Zeit nehmen, es richtig zu machen. Es wird nicht einfach sein. Sie müssen bereit sein, im Vorfeld eine Menge Arbeit zu investieren, um alles einzurichten, und es ist wichtig, sich darüber im Klaren zu sein. Wenn Sie jedoch erst einmal damit angefangen haben, werden Sie, glaube ich, erstaunt sein, wie viel Geld Sie mit den Methoden in diesem Buch verdienen können.

Ich wünsche Ihnen viel Glück. Genießen Sie Ihre finanzielle Freiheit!

***ROBERT KUHN***

www.ingramcontent.com/pod-product-compliance
Lightning Source LLC
Chambersburg PA
CBHW062124220526
45471CB00010B/3868